わからないをわかるにかえる

重要単語カード

中3 英語

使い方

❶切り離して，リングでとじてください。
❷CDを聞き，音声に合わせて発音しましょう。
❸英語を日本語に，日本語を英語にしましょう。
❹カードを持ち歩いて，くり返し覚えよう。
※トラックごとに色分けしています。

1
a few
a few days

2
abroad
travel abroad

across
across the road

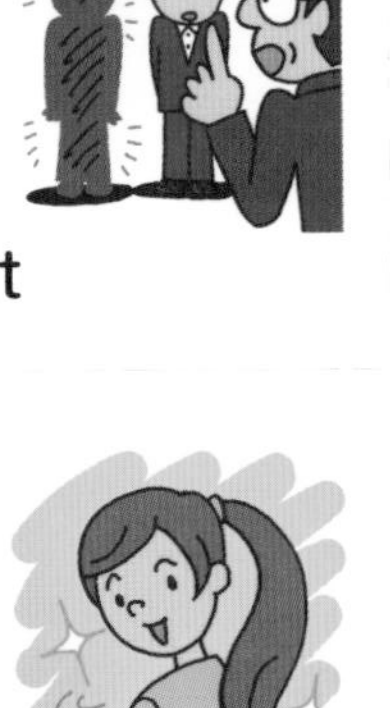

4
afraid
afraid of dogs

5
against
against war

6
agree
agree with a plan

7
almost
almost all the girls

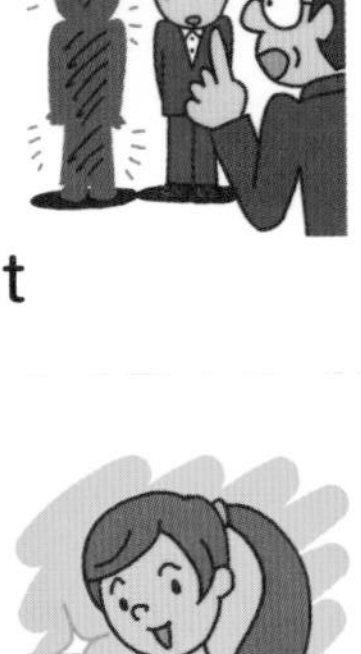

8
already
I've already eaten lunch.

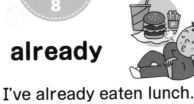

9
among
among the students

10
angry
get angry

11
another
another student

12
answer
answer the question

13
around
around the fire

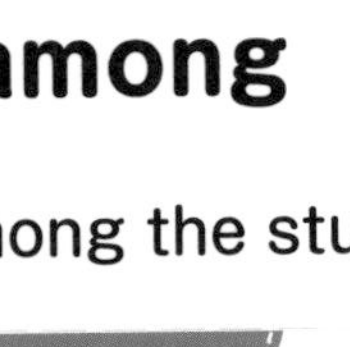

14
arrive
arrive at the station

15
back
look back

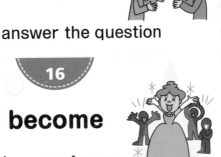

16
become
become famous

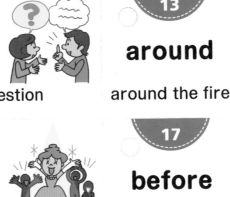

17
before
before lunch

18
begin
begin to rain

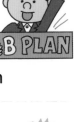

スマホでも聞けるよ！

1 ～ 9	トラック54
10 ～ 18	トラック55
19 ～ 28	トラック56
29 ～ 38	トラック57
39 ～ 48	トラック58
49 ～ 58	トラック59
59 ～ 68	トラック60
69 ～ 78	トラック61
79 ～ 88	トラック62
89 ～ 98	トラック63
99 ～ 108	トラック64
109 ～ 118	トラック65
119 ～ 128	トラック66
129 ～ 138	トラック67
139 ～ 148	トラック68
149 ～ 158	トラック69

2
外国に[で]
海外旅行をする

1
少しの，２，３の
２，３日，数日

6
賛成する
計画に賛成する

5
～に反対して
戦争に反対して

4
こわがって
犬をこわがる

3
～を横切って
道路を横切って

10
怒った
怒る

9
（３つ以上）の間に
生徒たちの間で

8
もう，すでに
もう昼食を食べました。

7
ほとんど
その女の子たちのほとんど全員

14
到着する
駅に到着する

13
～のまわりに[を]
たき火のまわりに

12
（～に）答える，答え
質問に答える

11
もう１つの，別の
もう１人の生徒

18
～を始める，始まる
雨が降り始める

17
～の前に[の]，～する前に，以前に
昼食の前に

16
～になる
有名になる

15
後ろへ，もとへ
ふり返る

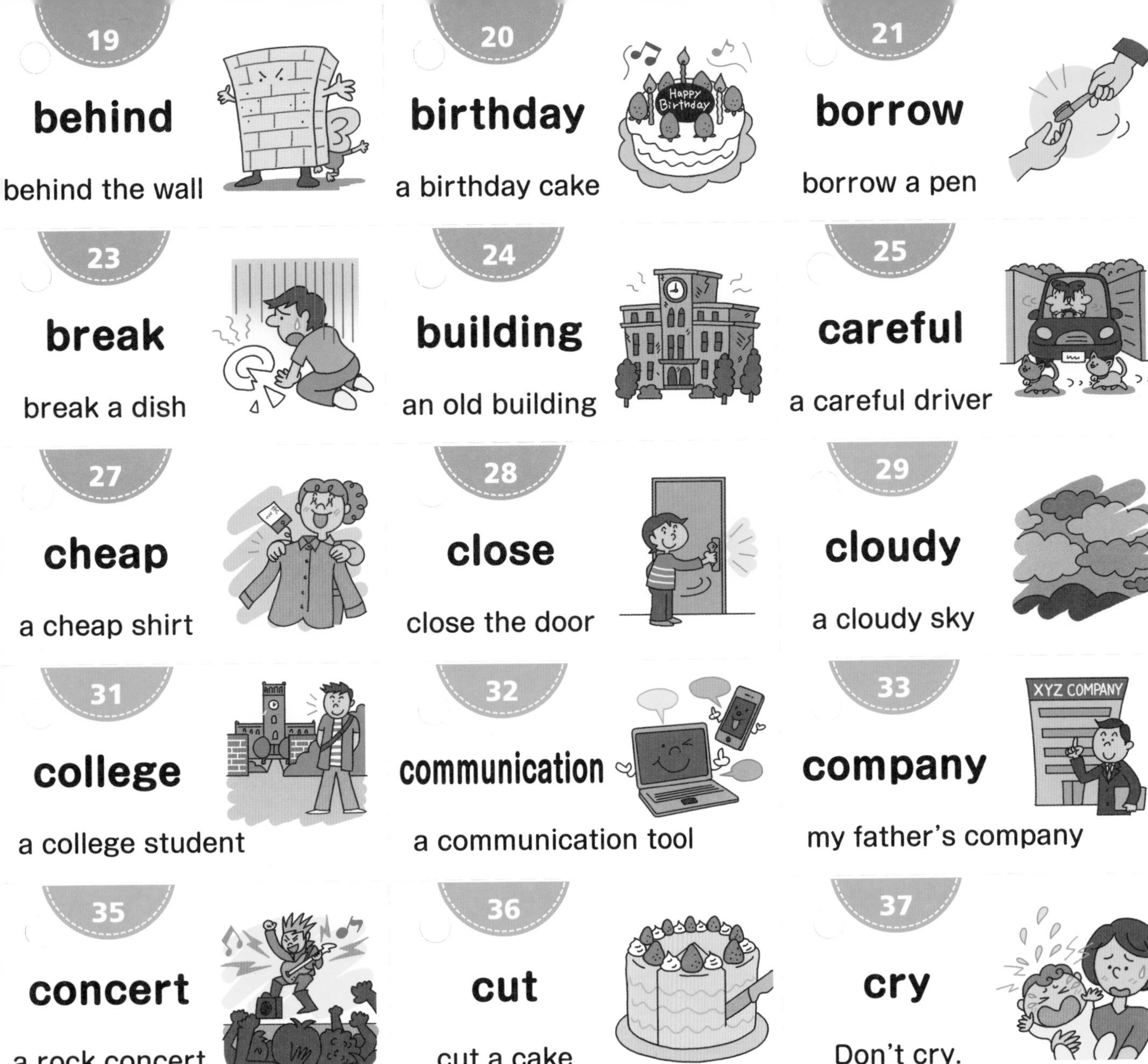

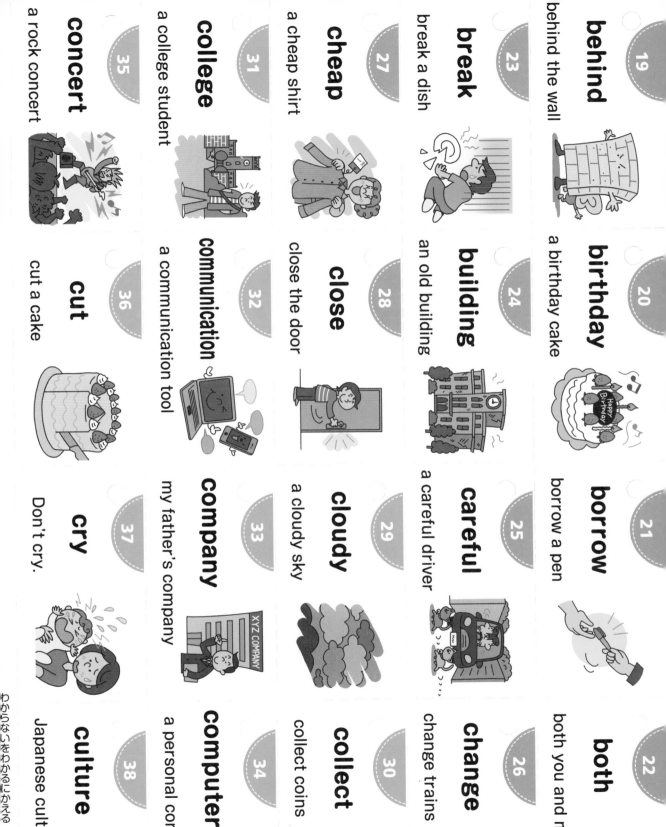

19
behind
behind the wall
20
birthday
a birthday cake
Happy Birthday
21
borrow
borrow a pen
22
both
both you and me
23
break
break a dish
24
building
an old building
25
careful
a careful driver
26
change
change trains
27
cheap
a cheap shirt
28
close
close the door
29
cloudy
a cloudy sky
30
collect
collect coins
31
college
a college student
32
communication
a communication tool
33
company
my father's company
XYZ COMPANY
34
computer
a personal computer
35
concert
a rock concert
36
cut
cut a cake
37
cry
Don't cry.
38
culture
Japanese culture

19

～の後ろに

壁の後ろに

20

誕生日

バースデーケーキ

21

～を借りる

ペンを借りる

22

両方，両方とも

あなたと私の両方とも

23

～を壊す，～を破る

皿を割る

24

建物，ビル

古い建物

25

注意深い

注意深い運転手

26

(乗り物)を乗りかえる，～を変える，変わる

電車を乗りかえる

27

安い

安いシャツ

28

～を閉める

ドアを閉める

29

曇りの

曇り空

30

～を集める

コインを集める

31

大学

大学生

32

コミュニケーション

コミュニケーションの道具

33

会社

お父さんの会社

34

コンピューター

パソコン

35

コンサート

ロックコンサート

36

～を切る

ケーキを切る

37

泣く，叫ぶ

泣かないで。

38

文化

日本文化

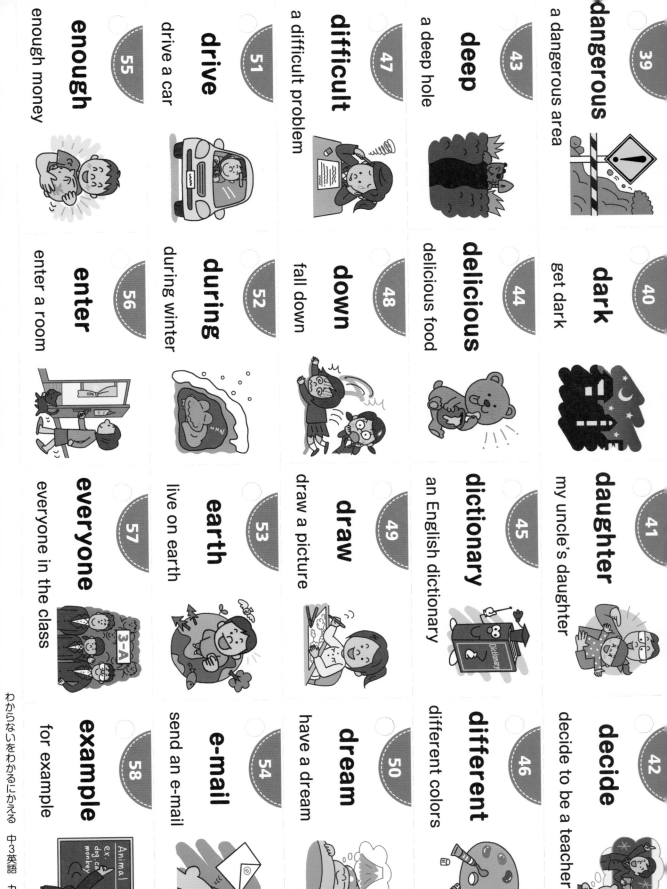

39 **dangerous**
a dangerous area

40 **dark**
get dark

41 **daughter**
my uncle's daughter

42 **decide**
decide to be a teacher

43 **deep**
a deep hole

44 **delicious**
delicious food

45 **dictionary**
an English dictionary

46 **different**
different colors

47 **difficult**
a difficult problem

48 **down**
fall down

49 **draw**
draw a picture

50 **dream**
have a dream

51 **drive**
drive a car

52 **during**
during winter

53 **earth**
live on earth

54 **e-mail**
send an e-mail

55 **enough**
enough money

56 **enter**
enter a room

57 **everyone**
everyone in the class

58 **example**
for example

39
危険な
危険な場所

40
暗い
(夜になって)暗くなる

41
娘
おじさんの娘

42
～を決める，～しようと決心する
先生になろうと決心する

43
深い
深い穴

44
おいしい
おいしい食べ物

45
辞書
英語の辞書

46
違った，異なった，いろいろな
いろいろな色

47
難しい
難しい問題

48
下へ，降りて
倒れる，転ぶ

49
(線で)～を描く
絵を描く

50
夢
夢を見る，夢がある

51
～を運転する
車を運転する

52
～の間に，～の間中
冬の間中

53
地球
地球で生きている

54
Eメール
Eメールを送る

55
十分な
十分なお金

56
～に入る
部屋に入る

57
みんな，だれでも
クラスのみんな

58
例
たとえば

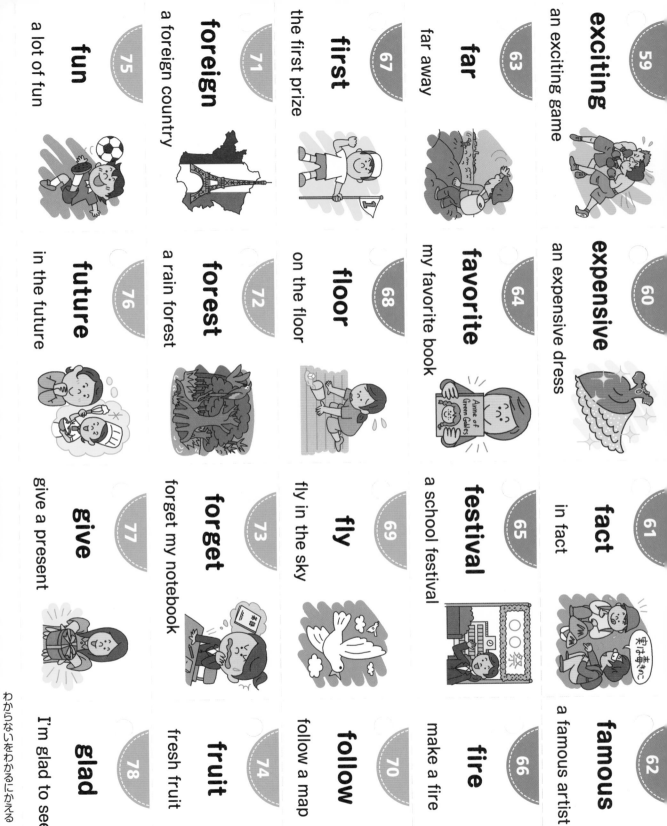

59
exciting
an exciting game

60
expensive
an expensive dress

61
fact
in fact

62
famous
a famous artist

63
far
far away

64
favorite
my favorite book

65
festival
a school festival

66
fire
make a fire

67
first
the first prize

68
floor
on the floor

69
fly
fly in the sky

70
follow
follow a map

71
foreign
a foreign country

72
forest
a rain forest

73
forget
forget my notebook

74
fruit
fresh fruit

75
fun
a lot of fun

76
future
in the future

77
give
give a present

78
glad
I'm glad to see you.

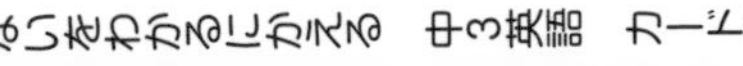

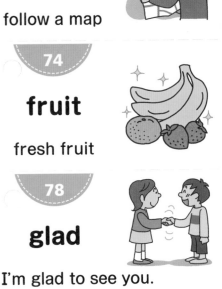

59
興奮させる，わくわくさせる
興奮する試合

60
高価な
高価なドレス

61
事実，現実
実際は

62
有名な
有名な芸術家

63
遠く(に)，はるかに
遠く離れて

64
大好きな，お気に入りの
私のお気に入りの本

65
祭り
学校祭

66
火
火を起こす

67
1番目，1番目の
1等賞

68
床，階
床の上に

69
飛ぶ
空を飛ぶ

70
～のあとをついて行く，～に従う
地図に従う

71
外国の
外国

72
森
熱帯雨林

73
～を忘れる
ノートを忘れる

74
くだもの
新鮮なくだもの

75
楽しいこと
とても楽しいこと

76
未来，将来
将来(に)

77
(…に)～を与える
プレゼントを贈る

78
うれしい
お会いできてうれしいです。

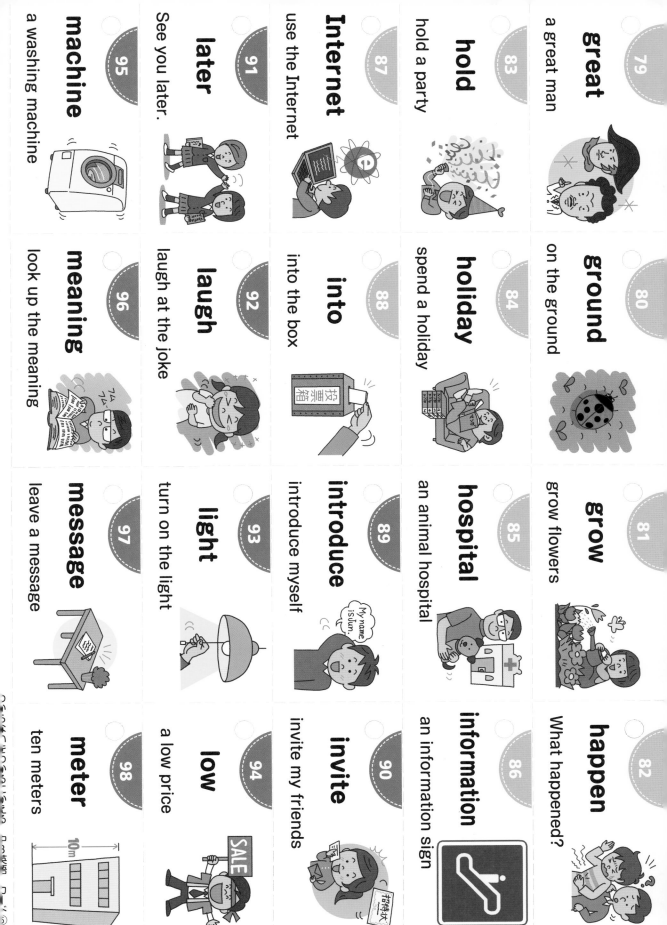

79
great
a great man
80
ground
on the ground
81
grow
grow flowers
82
happen
What happened?
83
hold
hold a party
84
holiday
spend a holiday
85
hospital
an animal hospital
86
information
an information sign
87
Internet
use the Internet
88
into
into the box
投票箱
89
introduce
My name is Jun.
introduce myself
90
invite
招待状
invite my friends
91
later
See you later.
92
laugh
laugh at the joke
93
light
turn on the light
94
low
SALE
a low price
95
machine
a washing machine
96
meaning
フムフム
look up the meaning
97
message
leave a message
98
meter
10m
ten meters

79
すばらしい，偉大な
偉人
80
地面，土地，場所
地面に
81
成長する，～を育てる
花を育てる
82
起こる
どうしたの？
83
～を抱える，
(会・式など)を開く
パーティーを開く
84
休日，祝日
休日を過ごす
85
病院
動物病院
86
情報
案内標識
87
インターネット
インターネットを使う
88
～の中に[へ]
箱の中に
89
～を紹介する
自己紹介をする
90
～を招待する
友達を招待する
91
あとで，のちに
またあとでね。
92
(声を出して)笑う
冗談を笑う
93
光，明かり，軽い
明かりをつける
94
低い，低く
安い値段
95
機械
洗濯機
96
意味
意味を調べる
97
伝言，メッセージ
伝言を残す
98
メートル
10 メートル

99 **money**

change money

100 **mountain**

climb a mountain

101 **nature**

beautiful nature

102 **necessary**

necessary time

103 **never**

I will never forget.

104 **nothing**

say nothing

105 **once**

once again

106 **pass**

pass the exam

107 **peace**

world peace

108 **person**

a kind person

109 **poor**

a poor child

110 **popular**

a popular song

111 **practice**

practice judo

112 **present**

a Christmas present

113 **pretty**

a pretty baby

114 **problem**

solve a problem

115 **quickly**

make dinner quickly

116 **ready**

ready to start

117 **reason**

the real reason

118 **receive**

receive a letter

99 **お金**
両替する

100 **山**
山に登る

101 **自然**
美しい自然

102 **必要な**
所要時間

103 **けっして～ない，一度も～ない**
けっして忘れない。

104 **何も～ない**
何も言わない

105 **かつて，1度**
もう1度

106 **～に合格する，手渡す，通り過ぎる**
試験に合格する

107 **平和**
世界平和

108 **人**
親切な人

109 **貧しい，かわいそうな**
かわいそうな子ども

110 **人気のある**
人気のある歌

111 **～を練習する**
柔道の練習をする

112 **贈り物**
クリスマスプレゼント

113 **かわいい**
かわいい赤ちゃん

114 **問題**
問題を解決する

115 **すばやく**
急いで夕食を作る

116 **用意ができた**
出発の準備ができている

117 **理由**
本当の理由

118 **～を受け取る**
手紙を受け取る

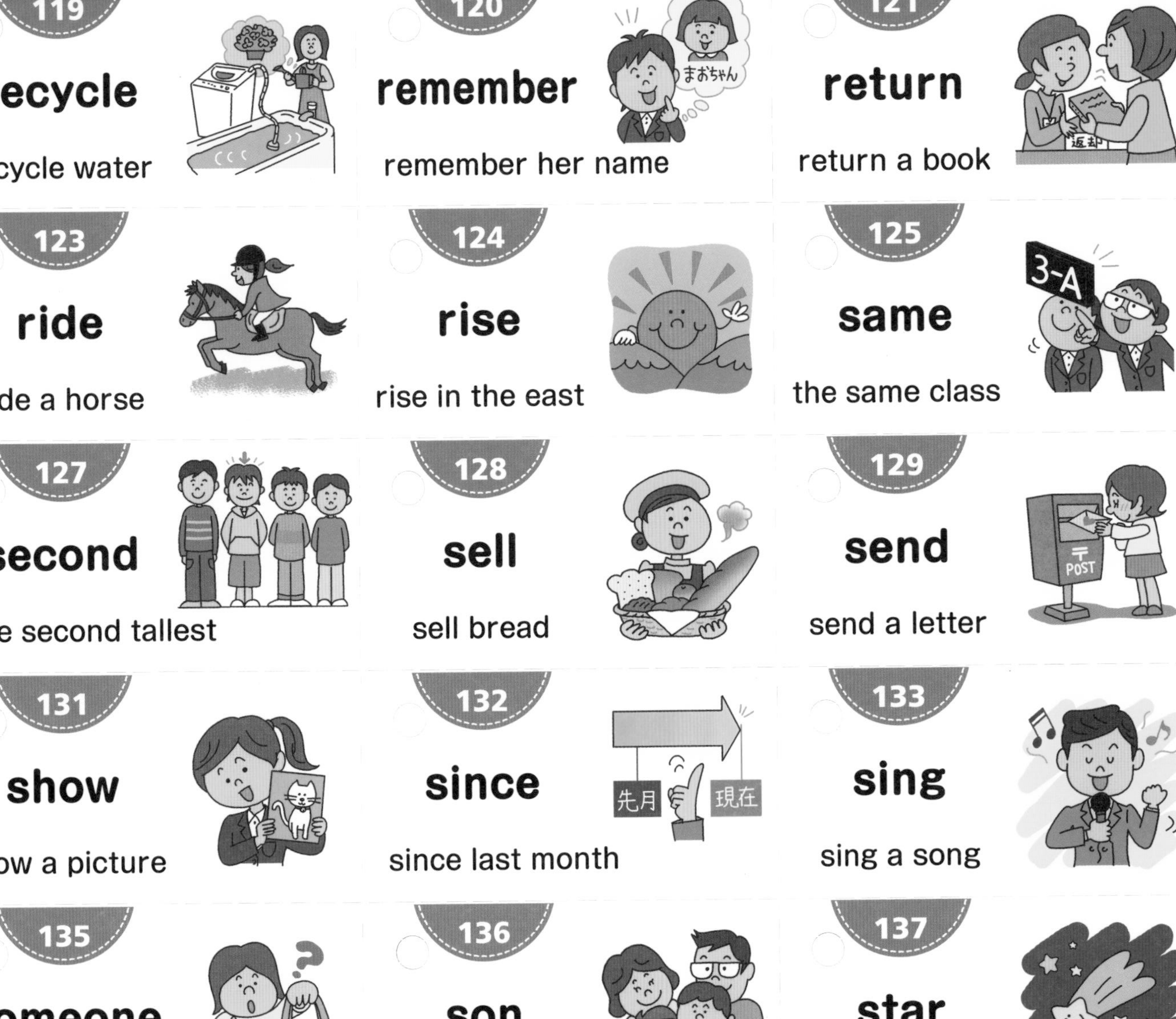

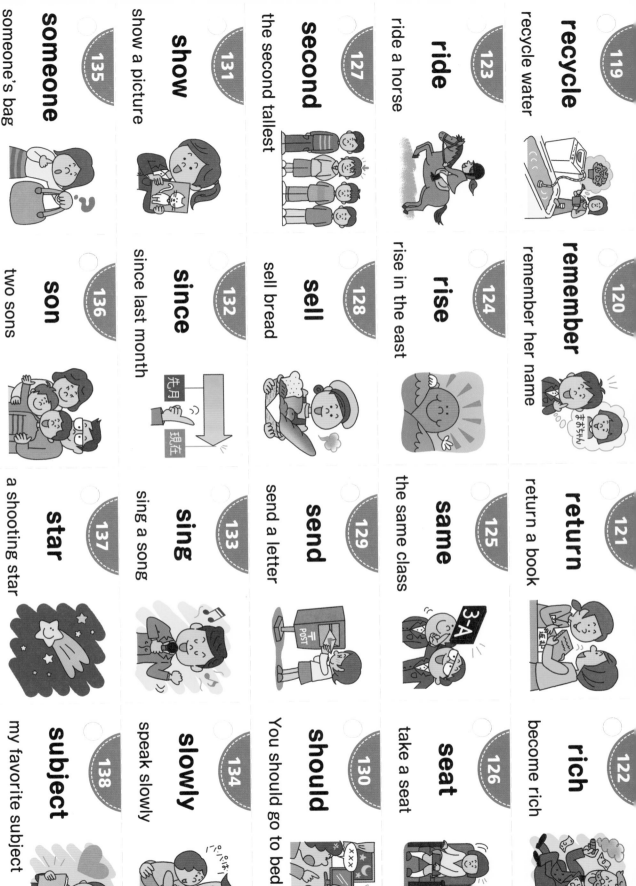

119 **recycle**
recycle water

120 **remember**
remember her name

121 **return**
return a book

122 **rich**
become rich

123 **ride**
ride a horse

124 **rise**
rise in the east

125 **same**
the same class

126 **seat**
take a seat

127 **second**
the second tallest

128 **sell**
sell bread

129 **send**
send a letter

130 **should**
You should go to bed.

131 **show**
show a picture

132 **since**
since last month

133 **sing**
sing a song

134 **slowly**
speak slowly

135 **someone**
someone's bag

136 **son**
two sons

137 **star**
a shooting star

138 **subject**
my favorite subject

119 ～を再利用する
水を再利用する

120 ～を思い出す，覚えている
彼女の名前を思い出す

121 ～を戻す，戻る
本を返す

122 裕福な，金持ちの
お金持ちになる

123 ～に乗る
馬に乗る

124 (太陽などが)昇る
東から昇る

125 同じ
同じクラス

126 席
着席する

127 2番目，2番目の，2番目に
2番目に背が高い

128 ～を売る
パンを売る

129 ～を送る
手紙を送る

130 ～すべきだ
もう寝るべきだ。

131 (…に)～を見せる
写真を見せる

132 ～以来，～から
先月から

133 ～を歌う
歌を歌う

134 ゆっくりと
ゆっくり話す

135 だれか
だれかのバッグ

136 息子
2人の息子

137 星
流れ星

138 教科，科目
私の好きな科目

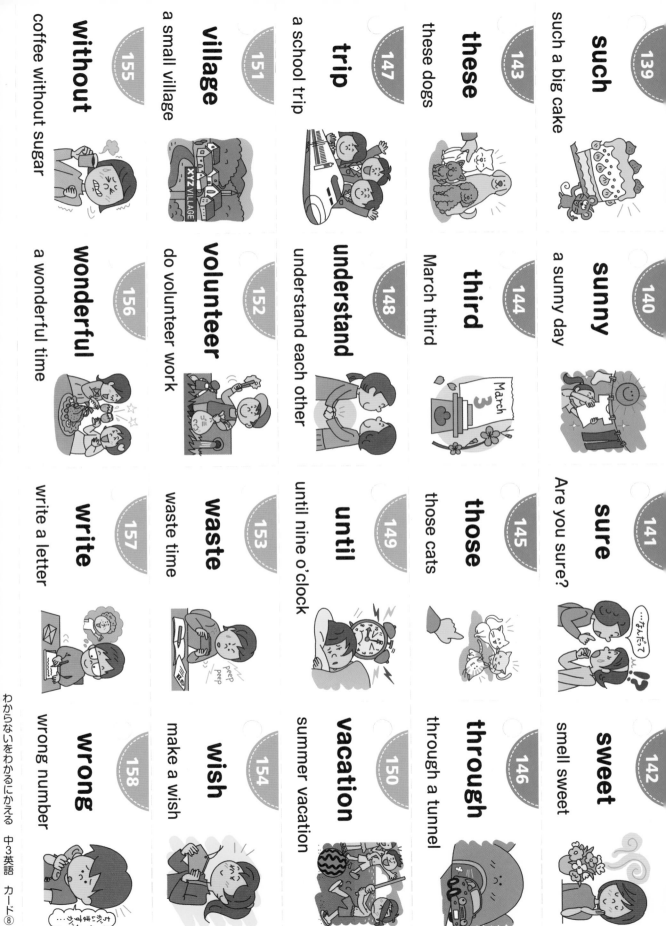

139
such
such a big cake

140
sunny
a sunny day

141
sure
Are you sure?

142
sweet
smell sweet

143
these
these dogs

144
third
March third

145
those
those cats

146
through
through a tunnel

147
trip
a school trip

148
understand
understand each other

149
until
until nine o'clock

150
vacation
summer vacation

151
village
a small village

152
volunteer
do volunteer work

153
waste
waste time

154
wish
make a wish

155
without
coffee without sugar

156
wonderful
a wonderful time

157
write
write a letter

158
wrong
wrong number

139
そのような，このような
こんなに大きなケーキ

140
晴れた
晴れの日

141
確信している，もちろん
本当ですか？

142
甘い，甘い香りの，心地よい
甘い香りがする

143
これら，これらの
これらの犬

144
3番目，3番目の
3月3日

145
あれら，あれらの
あれらのネコ

146
～を通り抜けて
トンネルを通り抜けて

147
旅行
修学旅行

148
～を理解する
お互いを理解する

149
～まで（ずっと）
9時まで

150
休暇
夏休み

151
村
小さな村

152
ボランティア
ボランティア活動をする

153
むだ，～をむだに使う
時間をむだにする

154
願い，～を願う
願い事をする

155
～なしで
砂糖を入れないコーヒー

156
すばらしい，すてきな
すばらしい時間

157
～を書く
手紙を書く

158
悪い，まちがった，具合が悪い
まちがい電話

わからないを
わかるにかえる
中3英語

文理

もくじ contents

1 受け身の文

1 「受け身」とは？ …… 6
受け身の意味と形

2 過去分詞とは？ …… 8
過去分詞 / by ～

3 過去の受け身の文 …… 10
過去の受け身の文

4 受け身の否定文・疑問文 …… 12
受け身の否定文・疑問文

5 注意すべき受け身の文 …… 14
助動詞を使った受け身の文など

まとめのテスト …… 16
受け身の文

リスニング問題

リスニング問題にチャレンジ 18
リスニング問題にチャレンジ 38
リスニング問題にチャレンジ 56
リスニング問題にチャレンジ 74
リスニング問題にチャレンジ 88
リスニング問題にチャレンジ 102
リスニング問題にチャレンジ 110

2 現在完了形

6 「現在完了形」とは？ …… 20
現在完了形の意味と形

7 継続を表す現在完了形① …… 22
「ずっと～している」の文

8 継続を表す現在完了形② …… 24
継続の否定文・疑問文

9 経験を表す現在完了形① …… 26
「～したことがある」の文

10 経験を表す現在完了形② …… 28
経験の否定文・疑問文

11 完了を表す現在完了形 …… 30
「～したところだ」「～してしまった」の文

12 現在完了形のまとめ …… 32

13 現在完了進行形 …… 34
「(今までずっと)～している」の文

まとめのテスト …… 36
現在完了形

3 不定詞

14 不定詞の基本３用法① …… 40
名詞的用法・形容詞的用法

15 不定詞の基本３用法② …… 42
副詞的用法(目的，理由・原因)

16 「～することは…です」の文 …… 44
It is ... (for —) to ～ .

17 「…に～してほしい」の文 …… 46
〈want [ask / tell] ＋人＋ to ～〉

18 「～のしかた」の文 …… 48
how to ～

19 「…が～するのを手伝う」の文 …… 50
〈help [let / make] ＋人＋原形不定詞〉

20 不定詞のまとめ …… 52

まとめのテスト …… 54
不定詞

4 いろいろな文の形

21 「(人)に～をあげる」などの文 ………… 58
〈give ＋人＋もの〉など

22 「AをBと呼ぶ[名づける]」の文 ……… 60
〈call [name] ＋ A ＋ B〉

23 「AをBにする」の文 ……………………… 62
〈make ＋ A ＋ B〉

24 いろいろな文の形のまとめ …………… 64

25 文中に入る疑問文 ………………………… 66
間接疑問(文)

26 接続詞that ………………………………… 68
接続詞 that

27 「なんて～でしょう！」の文 ………… 70
感嘆文

まとめのテスト ………………………… 72
いろいろな文の形

5 名詞を修飾する語句

28 後ろから名詞を修飾する語句 ………… 76
前置詞句

29 「～している…」の文 ……………………… 78
現在分詞の修飾

30 「～された…」の文 ……………………… 80
過去分詞の修飾

31 「～が…する―」の文 ……………………… 82
〈主語＋動詞〉の修飾

32 名詞を修飾する語句のまとめ ………… 84

まとめのテスト ………………………… 86
名詞を修飾する語句

6 関係代名詞

33 「人」を後ろから説明する文 ………… 90
主格の関係代名詞 who

34 「もの」を後ろから説明する文 ……… 92
主格の関係代名詞 which

35 「人」「もの」を後ろから説明する文① …… 94
主格の関係代名詞 that

36 「人」「もの」を後ろから説明する文② …… 96
目的格の関係代名詞 that，which

37 関係代名詞のまとめ ……………………… 98

まとめのテスト ………………………… 100
関係代名詞

7 仮定法

38 「～だったらいいのに」の文 …………104
仮定法 I wish ～ .

39 「もし～ならば，…なのに」の文 ………106
仮定法 If ～

まとめのテスト ………………………… 108
仮定法

重要不規則動詞変化表 …………………… 111

解答と解説 ……………………………… 別冊

イラスト：art box(YOSHIROO HAYAHARA)
いたばしともこ
エダりつこ

この本の特色と使い方

1単元は，2ページ構成です。

解説を読んで，問題にチャレンジしよう！

CDトラック
音声が収録されている
CDのトラック番号！

この単元で理解
しておきたい
文法の説明
と例文

イラストつきで
わかりやすい！

大事なポ
イントを
ていねい
に解説！

勉強した日　月　日

7 継続を表す現在完了形①
「ずっと～している」の文 ♪09

現在完了形の形は〈have[has]＋過去分詞〉であることは理解しましたね。今回は，3つの用法の1つ，継続について習います。

現在完了形の継続は，「ずっと～している」という意味を表します。過去に始まった動作や状態が今も続いていることを表すときに使います。前回習った文も継続の文です。

I have studied English for three years.
私は3年間英語を勉強しています。
3年前　現在
3年前に始めて今も勉強中
ペラペーラ　スゴーイ　Yes!

Emi has been sick since yesterday.
エミは昨日からずっと病気です。
昨日　現在
昨日から具合が悪く今も悪い
ウゥ〜

am, are, is, was, were の原形は be。be の過去分詞は been です。
be 動詞は，am, are, is → was, were → been と変化します。
原形　過去形　過去分詞

継続の文では for と since がよく使われます。for ～は「～の間」と続いている期間を表します。since ～は「～から，～以来」と始まりの時期を表すときに使います。

for＋期間		since＋始まりの時期	
for two days	2日間	Since this morning	今朝から
for a month	1か月間	Since last year	昨年から
for a long time	長い間	Since 2010	2010年から

現在完了形の文では，I have を I've と書くように，主語と have [has] が結びついた短縮形をよく使います。

I have → I've / you have → you've
we have → we've
she has → she's / he has → he'sなど

22

練習問題

これだけチェック！　●現在完了形の継続は「ずっと～している」を表し，for や since をよく使う！

➡答えは別冊 p.4

1 since または for のうち，適する語を□に書きましょう。
(1) 私は長い間ずっとカメラをほしいと思っています。
I have wanted a camera □ a long time.
(2) 私たちは 2018 年からこの市に住んでいます。
We have lived in this city □ 2018.

2 〔 〕内の語句を並べかえて，英文を作りましょう。
(1) 私は昨年から中国語を学んでいます。
I've 〔 since / Chinese / learned 〕 last year.
I've ＿＿＿＿ last year.
(2) 彼は4年間その机を使っています。
He 〔 used / for / has / the desk 〕 four years.
He ＿＿＿＿ four years.
(3) 昨日からずっと寒い。
It 〔 since / has / cold / been 〕 yesterday.
It ＿＿＿＿ yesterday.

3 （ ）内の語を使って，英語で書きましょう。
(1) 私は先週からずっと忙しいです。 (busy)
I ＿＿＿＿ last week.
(2) 私の父は 10 年間この会社で働いています。 (work, in, company)
My father ＿＿＿＿ ten years.

練習問題
学習したことを
問題形式で
確認！

実力が
しっかり
身につく！

英語の音声が充実
例文(♪のついたところ)の音声を収録。
発音・リスニングが身につく！

リスニング問題が 7回あります。

さまざまなタイプの問題にチャレンジ！
リスニング力を
つけよう！

答えがわかるまで，くり返
し聞いてもかまいません！

リスニング問題にチャレンジ ➡答えは別冊 p.12

1 絵は公園の様子を表しています。(1)～(3)の質問を聞き，その人はだれか，人物の名前を英語で書きなさい。 ♪41

(1)(　　) (2)(　　) (3)(　　)

2 英文を聞き，その内容にあう絵をア～カから1つ選び，記号を書きなさい。 ♪42

(1)(　) (2)(　) (3)(　) (4)(　) (5)(　)

ア　イ　ウ　エ　オ　カ

88

リスニング問題
は章ごとについ
てるよ！

英語の音声

説明ページの例文(♪)，リスニング問題にチャレンジ，重要単語カードの音声は文理のホームページからダウンロードできます。
http://www.bunri.co.jp/
また，右のQRコードからも聞くことができます。

スマホで聞く

音声つき 重要単語カード！

ちょっとした時間
にも確認できる！

※音声サービスは無料ですが，別途，各通信会社の通話料がかかります。
※お客様のネット環境により，ご利用いただけない場合がございます。ご理解，ご了承いただきますようお願いいたします。
※ QR コードは，(株)デンソーウェーブの登録商標です。

受け身の文

ここでは，受け身の文について習いましょう。

これまでは「(～が)…する」という文を習ってきましたね。これに対し，「(～によって)…される[されている]」という文を受け身の文といいますよ。英語ではよく使われる形です。

受け身の文のポイントは，①動作を受ける側が主語になる，②動詞の形，の２つです。

ふつうの文

ゴッホがその絵を描きました。

受け身の文

その絵はゴッホによって描かれました。

1 「受け身」とは？

受け身の意味と形

ここでは，「受け身」の文は，どういう文なのかを習うよ。ふつうの文と意味や形を比べてみようね。

「サムはエリを愛しています」という文を，「エリ」を主語にして言ってみましょう。「エリはサムに愛されています」となりますね。

このような「～される，～されている」という文を受け身（受動態）の文といいます。

受け身の文では，ふつうの文で目的語だった「～される人[もの]」が主語になります。つまり，受け身の文は，ふつうの文を立場や視点を変えて表した文といえます。

受け身の意味がわかったところで，文の作り方をみてみましょう。

受け身の文は，〈be 動詞（am，are，is）＋過去分詞〉で表します。

過去分詞は動詞の変化形の１つで，love の過去分詞は loved です。love のように，規則動詞は過去形と過去分詞が同じ形になります。くわしくは次で学習します。

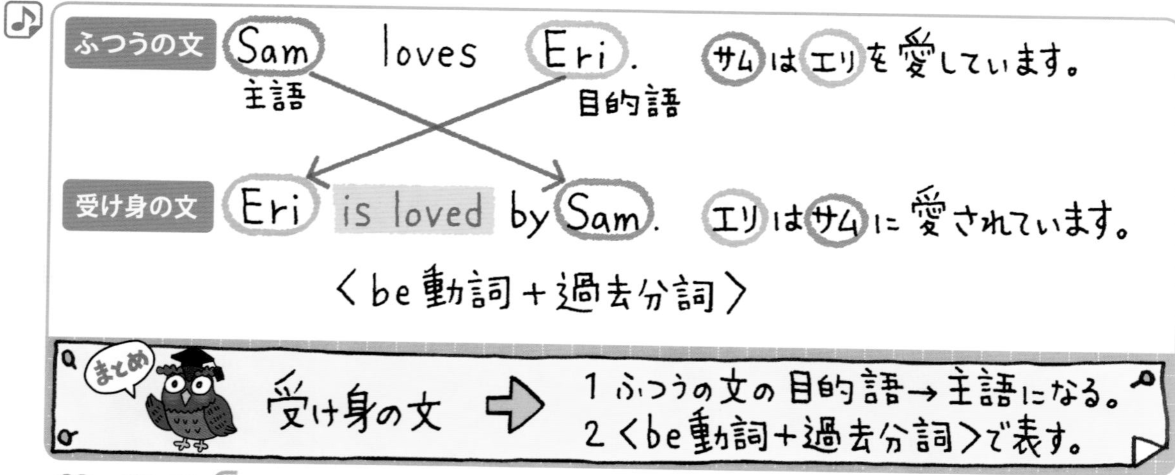

ふりカエル

受け身の文の be 動詞の使い分けは，ふつうの be 動詞の文と同じ！

主語が I → am　主語が you や複数 → are　主語が I，you 以外の単数 → is

練習問題

これだけチェック! ●受け身の文は〈be 動詞(am, are, is)＋過去分詞〉で表す！

➡答えは別冊 p.2

1 (　)内の動詞を使って，受け身の文を作りましょう。

(1) その部屋は日曜日にそうじされます。　(clean)
The room [　　　] [　　　] on Sundays.

(2) これらのコンピューターは毎日使われます。　(use)
These computers [　　　] [　　　] every day.

(3) 彼の歌はみんなに愛されています。　(love)　みんな：everyone
His songs [　　　] [　　　] by everyone.

(4) 京都はたくさんの人々に訪問されます。　(visit)　たくさんの：a lot of ～　人々：people
Kyoto [　　　] [　　　] by a lot of people.

2 〔　〕内の語句を並べかえて，英文を作りましょう。

(1) カナダでは，日本語が勉強されています。
〔 studied / is / Japanese 〕 in Canada.　studied：study の過去分詞　Canada：カナダ

____________________ in Canada.

(2) サッカーは多くの国で行われています。
〔 soccer / played / is 〕 in many countries.　played：play の過去分詞　country：国

____________________ in many countries.

(3) あの図書館は８時に閉められます。
〔 is / that library / closed 〕 at eight.　closed：close の過去分詞

____________________ at eight.

(4) これらの車は土曜日に洗われます。
〔 are / these cars / washed 〕 on Saturdays.　washed：wash の過去分詞

____________________ on Saturdays.

過去分詞とは？

過去分詞 / by ～

ここでは，過去分詞の作り方をくわしく学習しましょう。

過去分詞は動詞の変化形の１つです。動詞には，規則動詞と不規則動詞がありましたね。規則動詞の過去分詞は，過去形と同じ形で動詞の最後に(e)d をつけます。

原　形	過去形	過去分詞
visit（訪れる）	visited	visited
live（住む）	lived	lived

過去形と同じ，(e)dをつけるだけ！

不規則動詞の過去分詞は，不規則に変化します。①過去形と同じもの，②原形と同じもの，など変化のパターンは４つあります。下の動詞は代表的なものなので，必ず覚えましょう。（p.111，112 の不規則動詞変化表もあわせて見てください。）

	原　形	過去形	過去分詞	
❶	make（作る）	made	made	過去形と過去分詞が同じ
	build（建てる）	built	built	
❷	come（来る）	came	come	原形と過去分詞が同じ
❸	write（書く）	wrote	written	形がそれぞれ違う
	take（取る）	took	taken	
	see（見る）	saw	seen	
	know（知っている）	knew	known	
❹	read（読む）	read（レッド）	read（レッド）	形がすべて同じ

パターンごとに覚えると，意外と簡単！

ここで，受け身の文で使われる「～によって(…されます)」の言い方もいっしょに覚えましょう。「～によって」と動作をする人を示したいときは，by ～で表します。

Emi is loved by Ken.

エミはケンに(よって)愛されています。

ふつうの文の主語がby～で表されるよ

by のあとに代名詞が続くときは，「～を[に]」の形(目的格)を使います。
目的格は，me，you，him，her，it，us，them です。
(例) This room is cleaned by her.　(この部屋は彼女によってそうじされます。)

練習問題

これだけチェック!
●不規則動詞の過去分詞に注意！
●「～によって」は by ～で表す！

➡答えは別冊 p.2

1 次の動詞の過去分詞を書きましょう。

(1) visit ［　　　］　(2) live ［　　　］

(3) speak ［　　　］　(4) take ［　　　］

(5) build ［　　　］　(6) come ［　　　］

(7) find ［　　　］　(8) cut ［　　　］

2 (　)内の動詞を適する形にかえて，［　　］に書きましょう。

(1) これらの手紙は英語で書かれています。　(write)
These letters are ［　　　］ in English.

(2) その野球選手はアメリカで知られています。　(know)
The baseball player is ［　　　］ in America.

(3) 私たちの学校はこの公園から見えます。　(see)
Our school is ［　　　］ from this park.

ABC (　)内の動詞を使って，英語で書きましょう。

(1) この自転車は彼によって使われます。　(use)　自転車：bike

This bike ______________________________.

(2) 多くのコンピューターが毎年，中国で作られています。　(make)　中国：China

Many computers ______________________________ every year.

(3) これらの本は子どもたちに読まれています。　(read)　子どもたち：children

These books ______________________________ children.

3 過去の受け身の文

過去の受け身の文

ここまでは，「～される，～されている」という現在の受け身の文を習ってきましたね。ここでは，「～された」という過去の受け身の文の表し方を習いましょう。

過去の受け身の文は，be 動詞を過去形にします。つまり，〈was［were］＋過去分詞〉の形で表します。過去分詞はそのまま変わりません。

be 動詞の過去形は，am，is は was に，are は were になりますね。つまり，The lunch is cooked by Emi. は，過去の文では，The lunch was cooked by Emi. です。

現在形
The lunch is cooked by Emi.
過去形
The lunch was cooked by Emi.
昼食はエミによって料理されました。
be動詞の過去形は
am, is → was
are → were
だったね！

主語が複数や you のときは，be 動詞は were を使います。

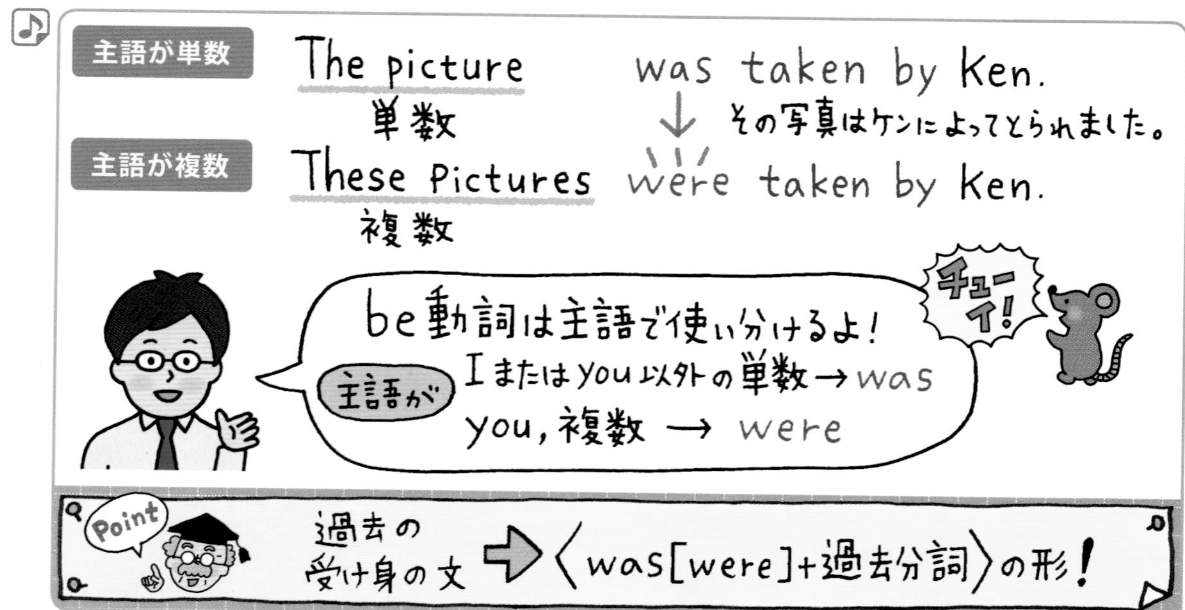

主語が単数
The picture was taken by Ken.
単数
その写真はケンによってとられました。
主語が複数
These pictures were taken by Ken.
複数
be動詞は主語で使い分けるよ！
主語が
Iまたはyou以外の単数 → was
you，複数 → were
チューイ！
Point
過去の受け身の文 ➡ 〈was[were]＋過去分詞〉の形！

練習問題

これだけチェック！ ●過去の受け身の文は，〈be 動詞（was, were）＋過去分詞〉で表す！

➡答えは別冊 p.2

1 ＿＿に was，were のうち適する語を選び，書きましょう。

(1) 図書館は9時に開けられました。

The library ＿＿ opened at nine.

(2) これらの本は夏目漱石によって書かれました。

These books ＿＿ written by Natsume Soseki.
write の過去分詞

(3) このサラダは 10 分前に作られました。

This salad ＿＿ made ten minutes ago.
make の過去分詞

2 ＿＿に適する語を書きましょう。

(1) 動物園は多くの人々に訪問されました。 訪問する：visit

The zoo ＿＿ ＿＿ by many people.

(2) これらの部屋は先週の日曜日にそうじされました。 そうじする：clean

These rooms ＿＿ ＿＿ last Sunday.

(3) たくさんの鳥が公園で見られました。 たくさんの：a lot of　見る：see

A lot of birds ＿＿ ＿＿ in the park.

(4) 私の家は 2020 年に建てられました。 建てる：build

My house ＿＿ ＿＿ in 2020.

英語で書きましょう。

(1) この写真は京都でとられました。 (写真を)とる：take

This picture ＿＿＿＿＿＿＿＿＿＿ Kyoto.

(2) これらの机は私のおじによって作られました。 ～によって：by ～

These desks ＿＿＿＿＿＿＿＿＿＿ my uncle.

4 受け身の否定文・疑問文

受け身の否定文・疑問文 

今回は，受け身の否定文・疑問文を習います。be 動詞の文と作り方は同じですよ。

「～されません」「～されませんでした」という受け身の否定文は，**be 動詞のあとに not** を置きます。〈be 動詞＋ not〉の短縮形がよく使われます。

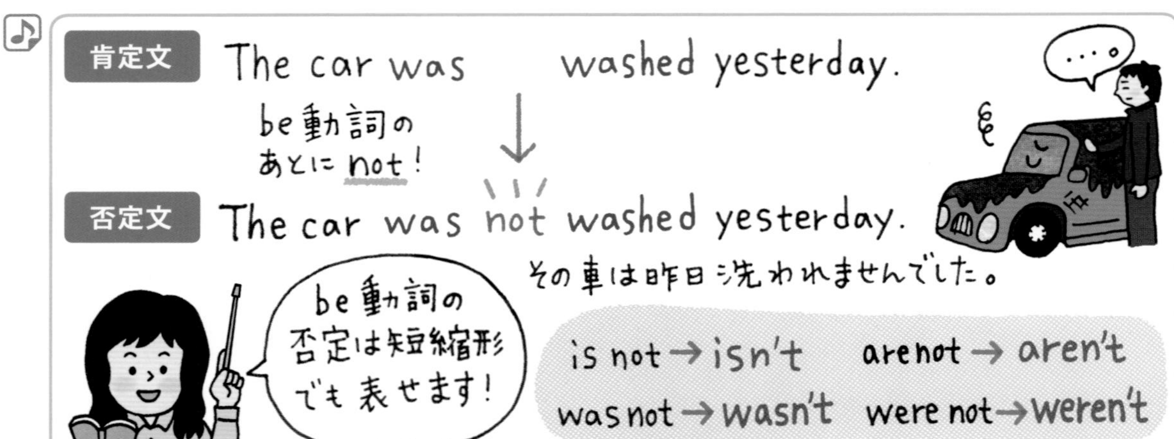

肯定文
The car was washed yesterday.
be動詞のあとにnot！
否定文
The car was not washed yesterday.
その車は昨日洗われませんでした。
be動詞の否定は短縮形でも表せます！
is not → isn't
are not → aren't
was not → wasn't
were not → weren't

「～されますか」「～されましたか」という受け身の疑問文は，**be 動詞を主語の前**に置きます。答えの文でも，be 動詞を使います。be 動詞の文と同じですね！

肯定文
Baseball is liked in America.
主語の前にbe動詞！
疑問文
Is baseball liked in America?
野球はアメリカで好まれていますか。
— Yes, it is. / No, it isn't.

受け身の文の疑問文では，do，does，did は使わないので気をつけましょう。

◯ **Is** soccer **played** in your school?　（あなたの学校ではサッカーが行われていますか。）

× Does soccer played in your school?

疑問詞を含む疑問文もみてみましょう。**疑問詞で文を始め**，受け身の疑問文を続けます。

When was this room cleaned?
この部屋はいつそうじされましたか。
疑問詞が文の最初！
えへ
キタナイな～

これだけチェック！ ●受け身の文の否定文と疑問文は，be動詞の文と同じ作り方！

➡答えは別冊 p.2

1 否定文に書きかえましょう。

(1) This computer is used every day.　computer：コンピューター

This computer [　　　] [　　　] every day.

(2) These pictures were taken by Tom.　picture：写真　taken：take の過去分詞

These pictures [　　　] [　　　] by Tom.

2 〔　〕内の語句を並べかえて，英文を作りましょう。

(1) これらの鳥はオーストラリアで見られますか。

〔 these birds / are / seen 〕 in Australia?　seen：see の過去分詞

______________________________ in Australia?

(2) 父の車は昨日，洗われましたか。

〔 my father's car / washed / was 〕 yesterday?

______________________________ yesterday?

(3) これらの腕時計は中国で作られたのですか。

〔 made / these watches / were 〕 in China?　made：make の過去分詞　China：中国

______________________________ in China?

ABC 英語で書きましょう。

(1) この手紙はトムによって書かれたのではありません。

______________________________ by Tom.

この手紙：this letter

(2) あなたの国では，中国語が学ばれていますか。— はい，学ばれています。

______________________________ in your country?

中国語：Chinese　学ぶ：learn

— Yes, ____________________ .

「中国語」は it で受ける。

5 注意すべき受け身の文

助動詞を使った受け身など

最後に，注意すべき受け身の文についてみていきましょう。

まずは，助動詞を使った受け身の文です。〈助動詞＋ be ＋過去分詞〉の形で表します。助動詞のあとは動詞の原形がくるので，be 動詞の原形 be を置くことに注意しましょう。

This book must be returned today.　この本は今日，返さなければなりません。
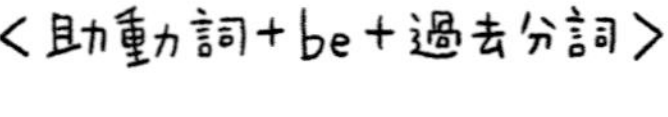
〈助動詞＋be＋過去分詞〉

My homework will be finished soon.　宿題はすぐに終えられるでしょう。
〈助動詞＋be＋過去分詞〉

beを忘れないでね！

あとちょっと！
work

「(人)に～をあげる」のように動詞のあとに目的語が２つ続く文(58 ページ参照)を受け身の文にすることができます。

Eri gave Ken the cap. = Eri gave the cap to Ken.　エリはケンにぼうしをあげました。
人　もの

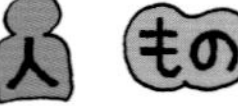

省略できる

⇒ The cap was given (to) Ken by Eri.
Ken was given the cap by Eri.
└ 主語は，「もの」「人」どちらもOK

Bob made Aki the cake. = Bob made the cake for Aki.　ボブはアキにケーキを作りました。
人　もの

省略できない！

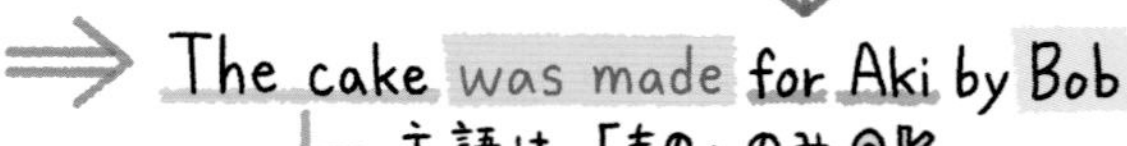

⇒ The cake was made for Aki by Bob.
└ 主語は，「もの」のみOK

We call the dog Momo.(私たちはその犬をモモと呼びます)のように the dog=Momo の関係になる文(60 ページ参照)を受け身の文にするとき，目的語(この文は the dog)しか主語にできません。
◯The dog is called Momo (by us).　✕Momo is called the dog (by us).

最後に，by(行為者を示す)以外の前置詞を使う受け身の表現を見ておきましょう。

- be covered with ～　～でおおわれている
- be filled with ～　～でいっぱいである
- be known to ～　～に知られている
- be known as ～　～として知られている
- be made from [of]　～で作られている　※材料[原料]が変化するときは from，しないときは of

練習問題

これだけチェック！
● be covered with ～，be known to ～，be made of [from] ～などを覚えよう！

➡答えは別冊 p.2

1 適する語を[ ]から選び，[ ]に書きましょう。

for / from / of / to / with

(1) The top of the mountain was covered [　　　] snow.
頂上　～におおわれている

(2) この歌は日本で多くの人々に知られています。
This song is known [　　　] many people in Japan.
～に知られている

(3) その男性は偉大な作家として知られています。
The park is known [　　　] a great writer.
～として知られている　偉大な　作家

(4) バターは牛乳から作られます。
Butter is made [　　　] milk.
バター　～から作られる　牛乳

(5) このテーブルは木でできています。
This table is made [　　　] wood.
～でできている　木

2 〔 〕内の語句を並べかえて，英文を作りましょう。

(1) 私はこの時計を祖父によって与えられました。
I〔 given / was / this watch 〕by my grandfather.　given：give の過去分詞

I ______________________________ by my grandfather.
「(人)に～をあげる」の文の受け身。

(2) あの動物は英語でゾウと呼ばれています。
〔 called / is / that animal 〕an elephant in English.　elephant：ゾウ

______________________________ an elephant in English.
「A を B と呼ぶ」の文の受け身。

(3) 多くの星がここで見られます。
A lot of stars〔 be / seen / can 〕here.　star：星　seen：see の過去分詞

A lot of stars ______________________________ here.
〈助動詞＋ be ＋過去分詞〉の形。

まとめのテスト

勉強した日　月　日　得点　／100点

➡答えは別冊 p.3

1 (　)内の語を必要なら適する形にかえて，[　]に書きなさい。　2点×5(10点)

(1) The shop is [　　] at seven. (open)　shop：店　at seven：7時に

(2) The songs are [　　] by children. (like)　song：歌　children：子どもたち

(3) Japanese history is [　　] by the students. (study)　history：歴史

(4) These books are [　　] by young people. (read)　these：これらの

(5) This letter was [　　] by my father. (write)　letter：手紙

2 次の日本文にあうように，[　]に適する語を書きなさい。　6点×5(30点)

(1) 多くの言語がインドでは話されています。　言語：language　インド：India
Many languages [　　] [　　] in India.

(2) この写真は彼によってとられませんでした。　写真：picture　とる：take
This picture [　　] [　　] by [　　].

(3) あなたの家は昨年，建てられましたか。　建てる：build
[　　] your house [　　] last year?

(4) その歌手はたくさんの人々に知られています。　歌手：singer
The singer is [　　] [　　] many people.

(5) 父の車は明日，洗われるでしょう。　洗う：wash
My father's car [　　] [　　] washed tomorrow.

こまったときのヒント

1 (1)(2)(3)規則動詞の過去分詞は，過去形と同じで最後が ed になる。(4)(5)不規則動詞。write は過去形，過去分詞の形がそれぞれ異なる。

2 (1)主語の many languages は複数を表す。「話す」speak は不規則動詞。(2)(3)受け身の否定文・疑問文の作り方は，be 動詞の文と同じ。(4)「～に知られている」は by 以外の前置詞を使う。(5)助動詞を使った受け身の文は，〈助動詞＋ be ＋過去分詞〉の形で表す。

3 次の文を(　)内の指示にしたがって書きかえなさい。

7点×4(28点)

(1) These computers are used every day.　(否定文に)

computer：コンピューター　every day：毎日

(2) They were helped by Mike.　(疑問文にして，Yes で答える文も)

—

help：手伝う

(3) My father gave <u>me</u> this watch.　(下線部を主語にして受け身の文に)

watch：腕時計

(4) They call <u>this flower</u> a rose in English.　(下線部を主語にして受け身の文に)

flower：花　rose：バラ　in English：英語で

次の日本文を英語にしなさい。

8点×4(32点)

(1) その町は多くの人々に訪問されました。

町：town　訪問する：visit

(2) これらの部屋は昨日そうじされませんでした。

部屋：room　昨日：yesterday　そうじする：clean

(3) その山は雪におおわれています。

山：mountain　雪：snow

(4) これらの動物はその動物園で見られます。　(can を使って)

動物：animal　動物園：zoo　見る：see

3 (2)受け身の疑問文の応答文も be 動詞を使う。(3)「～に…をあげる」の文を受け身の文に。give の過去分詞は given。(4)「A を B と呼ぶ」の文を受け身の文に。

(2) clean は規則動詞。主語は複数形。受け身の否定文は be 動詞のあとに not を置く。(3)「～におおわれている」は by 以外の前置詞を使う。(4)助動詞を使った受け身の文。助動詞のあとに be を置くことを忘れない。see の過去分詞は seen。

リスニング問題にチャレンジ

➡答えは別冊 p.3

1 英文を聞き，その内容にあう絵をア～ウから１つ選び，記号を書きなさい。

(1)

ア

イ

ウ

(　　)

(2)

ア

イ

ウ

(　　)

(3)

ア

イ

ウ

(　　)

2 対話を聞き，それぞれの対話の最後の発言に対する応答として適切な英文をア～ウから１つ選び，その記号を書きなさい。

07

(1) ア Yes, it does.　イ Yes, it is.　ウ No, it wasn't.　(　　)

(2) ア I took pictures.　イ Yes, they were.　ウ No, it wasn't.　(　　)

(3) ア It is closed.　イ Near the station.　ウ At seven o'clock.　(　　)

現在完了形

これまで，現在，過去，未来の３つの時について習いましたね。これに対し現在完了形は，過去の動作や状態などが何らかの形で現在に関係していることを表しますよ。

現在完了形には，「継続」「経験」「完了」の３つの用法があります。それぞれの使い方を理解しましょう。

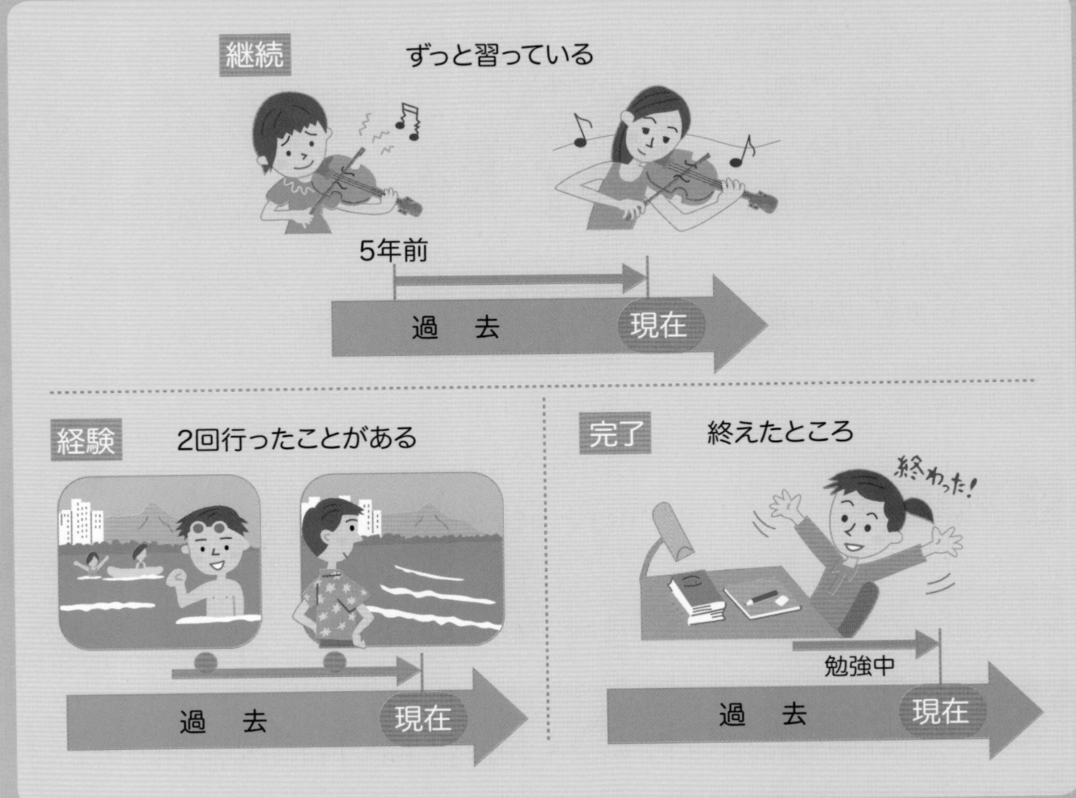

「現在完了形」とは？

現在完了形の意味と形

現在形は現在のこと，過去形は過去のことを表したね。それでは，現在完了形はいつのことを表すのかな？

過去形（❶）が表すのは過去のある時点での動作や状態です。この文からは 10 年前にここに住んでいたことはわかりますが，現在の状況はわかりませんね。現在形（❷）も，今ここに住んでいるという現時点での動作や状態しか表していません。

これに対し，現在完了形（げんざいかんりょうけい）（❸）は，過去からつながる現在の動作や状態を表します。

❶ I lived here ten years ago.
私は10年前ここに住んでいました。
❷ I live here now.
私は今ここに住んでいます。
時の流れ
10年前
現在完了形
今
❸ I have lived here for ten years.
私は10年間ここにずっと住んでいます。
過去形
現在形

現在完了形は，〈have［has］＋過去分詞〉で表します。主語が 3 人称単数のときは，has を使います。過去形と比べてみましょう。

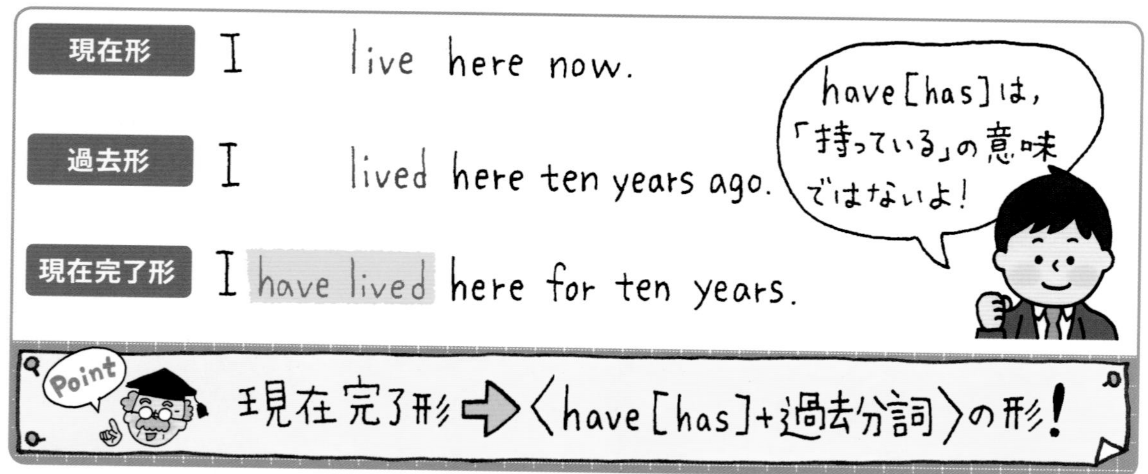

現在形　I live here now.
過去形　I lived here ten years ago.
現在完了形　I have lived here for ten years.
have[has]は，「持っている」の意味ではないよ！
Point
現在完了形 ➡ 〈have[has]+過去分詞〉の形！

現在完了形には，継続，経験，完了の３つの用法があります。次からくわしく習います。

練習問題

これだけチェック！
●現在完了形は過去から現在までを表す！
●形は〈have [has] ＋過去分詞〉！

➡答えは別冊 p.4

1 (　)内から適する語句を選び，○で囲みましょう。

(1) 私は先月，オーストラリアに滞在しました。　先月：last month　オーストラリア：Australia
I (stayed / have stayed) in Australia last month.

(2) 私は1か月間オーストラリアに滞在しています。
I (stayed / have stayed) in Australia for a month.

(3) ジェーンは4年前，日本語を学習しました。　日本語：Japanese
Jane (studied / has studied) Japanese four years ago.

(4) ジェーンは4年間ずっと日本語を勉強しています。
Jane (studied / has studied) Japanese for four years.

2 (　)内の動詞を必要に応じて適する形にして，[　　]に書きましょう。

(1) 私たちは2年前にその店で働きました。
We [　　　] in the shop two years ago. (work)

(2) 私たちはその店で働いています。
We [　　　] in the shop. (work)

(3) 私たちは2年間ずっとその店で働いています。
We [　　　] [　　　] in the shop for two years. (work)

(4) 彼らは長い間，その町に住んでいます。　長い間：for a long time
They [　　　] [　　　] in the town for a long time. (live)

(5) 彼女は3年間ずっと新しい自転車をほしがっています。 (want)　自転車：bike
She [　　　] [　　　] a new bike for three years. (want)
└→主語が3人称単数。

継続を表す現在完了形①

「ずっと～している」の文　09

現在完了形の形は〈have[has]＋過去分詞〉であることは理解しましたね。今回は，3つの用法の１つ，継続について習います。

現在完了形の継続は，「ずっと～している」という意味を表します。過去に始まった動作や状態が今も続いていることを表すときに使います。前回習った文も継続の文です。

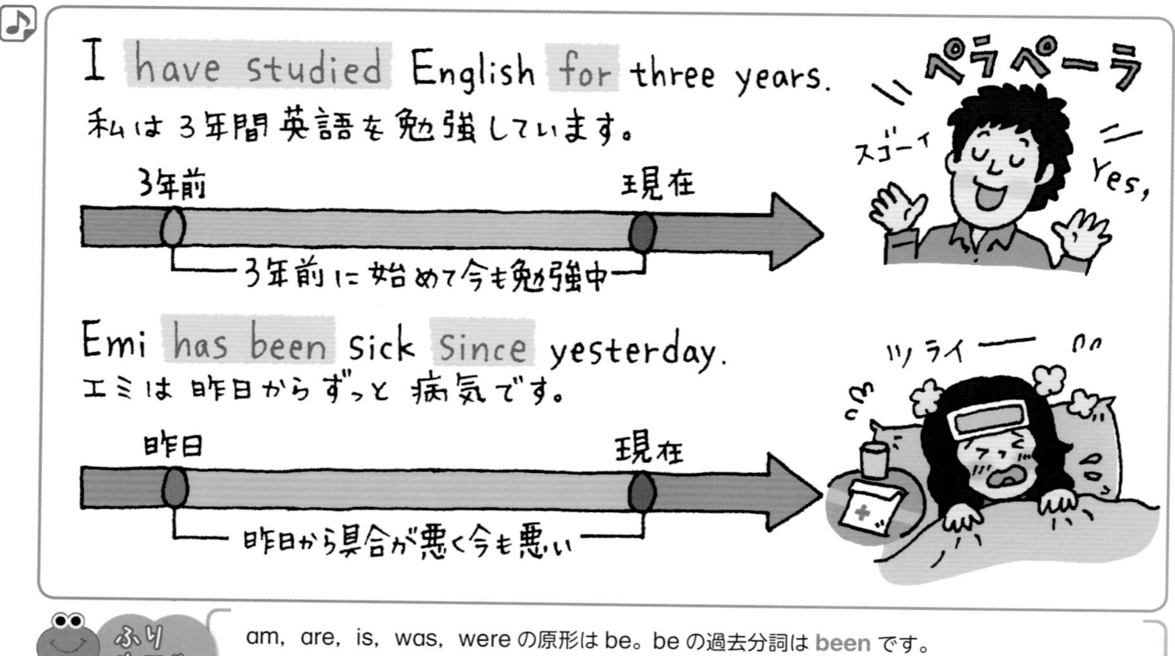

I have studied English for three years.
私は3年間英語を勉強しています。
3年前
現在
3年前に始めて今も勉強中
ペラペーラ
スゴーイ
Yes,
Emi has been sick since yesterday.
エミは昨日からずっと病気です。
昨日
現在
昨日から具合が悪く今も悪い
ツライ

ふりカエル
am, are, is, was, were の原形は be。be の過去分詞は been です。
be 動詞は，am, are, is（現在形）→ was, were（過去形）→ been（過去分詞）と変化します。

継続の文では for と since がよく使われます。for ～は「～の間」と続いている期間を表します。since ～は「～から，～以来」と始まりの時期を表すときに使います。

for＋期間		since＋始まりの時期	
for two days	2日間	since this morning	今朝から
for a month	1か月間	since last year	昨年から
for a long time	長い間	since 2010	2010年から

現在完了形の文では，I have を I've と書くように，主語と have[has] が結びついた短縮形をよく使います。

I have → I've / you have → you've
we have → we've
she has → she's / he has → he'sなど

これだけチェック！ ●現在完了形の継続は「ずっと～している」を表し，for や since をよく使う！

➡答えは別冊 p.4

1 since または for のうち，適する語を□に書きましょう。

(1) 私は長い間ずっとカメラをほしいと思っています。

I have wanted a camera □ a long time.

(2) 私たちは 2018 年からこの市に住んでいます。　市：city

We have lived in this city □ 2018.

2 〔　〕内の語句を並べかえて，英文を作りましょう。

(1) 私は昨年から中国語を学んでいます。

I've〔 since / Chinese / learned 〕last year.　I've：I have の短縮形

I've ______________________ last year.

(2) 彼は４年間その机を使っています。

He〔 used / for / has / the desk 〕four years.

He ______________________ four years.

(3) 昨日からずっと寒い。

It〔 since / has / cold / been 〕yesterday.　been：be の過去分詞

It ______________________ yesterday.

it は天候を表す文の主語。

ABC (　)内の語を使って，英語で書きましょう。

(1) 私は先週からずっと忙しいです。　(busy)

I ______________________ last week.

am の原形 be を過去分詞にする。

(2) 私の父は 10 年間この会社で働いています。　(work, in, company)

My father ______________________ ten years.

(3) 私たちは長い間，彼のことを知っています。　(long, time)

We ______________________ .

8 継続を表す現在完了形②

継続の否定文・疑問文

今回は，継続を表す現在完了形の否定文と疑問文を習います。どちらも have[has] を使って作ります。これは，あとで習う経験，完了の用法でもすべて同じです。

まず，否定文ですが，have[has] のあとに not を置きます。

肯定文　I have been in Hawaii since last week.

not を have のあとに！

否定文　I have not been in Hawaii since last week.

私は先週からハワイにはいません。

短縮形もよく使うよ！
have not → haven't
has not → hasn't

疑問文は，have[has] を主語の前に置きます。答えるときも，have[has] を使います。

肯定文　She has lived in Canada for a long time.

have[has] を主語の前に！

疑問文　Has she lived in Canada for a long time?

彼女は長い間カナダに住んでいますか。

— Yes, she has. / No, she hasn't.

現在完了形の疑問文 ⇨
- 〈Have[Has]+主語+過去分詞～?〉の形！
- 答えるときも have[has] を使う！

「どのくらいの期間～していますか」と期間をたずねるときは，How long で文を始め，あとに現在完了形の疑問文を続けます。答えるときは，具体的な期間を言います。

期間をたずねる

How long have you used the bag?

あなたはどのくらいの期間そのかばんを使っていますか。

— For five years.　5年です。

郵 便 は が き

おそれいりますが，切手をおはりください。

1620814

東京都新宿区新小川町４－１
（株）文理

「わからないをわかるにかえる」
アンケート 係

<table>
<tr><td>ご住所</td><td colspan="3">〒
都道府県　　市区郡
電話　　－　　－</td></tr>
<tr><td rowspan="2">お名前</td><td>フリガナ</td><td rowspan="2">男・女</td><td>学年</td></tr>
<tr><td></td><td>年</td></tr>
<tr><td>お買上げ日</td><td>年　月</td><td colspan="2">学習塾に　□通っている　□通っていない</td></tr>
</table>

＊ご住所は町名・番地までお書きください。

✂はがきで送られる方はここを切り取ってください。

「わからないをわかるにかえる」をお買い上げいただき，ありがとうございました。今後のよりよい本づくりのため，裏にありますアンケートにお答えください。

アンケートにご協力くださった方の中から，抽選で（年２回），**図書カード1000円分**をさしあげます。（当選者は，ご住所の都道府県名とお名前を文理ホームページ上で発表させていただきます。）なお，このアンケートで得た情報は，ほかのことには使用いたしません。

《はがきで送られる方》

① 左のはがきの下のらんに，お名前など必要事項をお書きください。

② 裏にあるアンケートの回答を，右にある回答記入らんにお書きください。

③ 点線にそってはがきを切り離し，お手数ですが，左上に切手をはって，ポストに投函してください。

《インターネットで送られる方》

① 文理のホームページにアクセスしてください。アドレスは，

https://portal.bunri.jp

② 右上のメニューから「おすすめ CONTENTS」の「わからないをわかるにかえる」を選び，クリックすると読者アンケートのページが表示されます。回答を記入して送信してください。上の QR コードからもアクセスできます。

アンケート

●次のアンケートにお答えください。回答は右のらんのあてはまる□をぬってください。

[1] 今回お買い上げになった教科は何ですか。
① 国語　② 社会　③ 数学　④ 理科　⑤ 英語

[2] この本をお選びになったのはどなたですか。
① 自分(中学生)　② ご両親　③ その他

[3] この本を選ばれた決め手は何ですか。(複数可)
① 内容・レベルがちょうどよいので。
② 説明がわかりやすいので。
③ カラーで見やすく，わかりやすいので。
④ イラストが楽しく，わかりやすいので。
⑤ 以前に使用してよかったので。
⑥ 付録がついているので。
⑦ 高校受験に備えて。
⑧ その他

[4] どのような使い方をされていますか。(複数可)
① おもに授業の予習・復習に使用。
② おもにテスト対策に使用。
③ おもに前学年の復習に使用。
④ その他

[5] 内容はいかがでしたか。
① わかりやすい。　② ややわかりにくい。
③ わかりにくい。　④ その他

[6] 問題の量はいかがでしたか。
① ちょうどよい。　② 多い。　③ 少ない。

[7] 問題のレベルはいかがでしたか。
① ちょうどよい。　② 難しい。　③ やさしい。

[8] ページ数はいかがでしたか。
① ちょうどよい。　② 多い。　③ 少ない。

[9] 表紙デザインはいかがでしたか。
① なかなかよい。　② ふつう。
③ あまりよくない。

[10] カラーの誌面デザインはいかがでしたか。
① なかなかよい。　② ふつう。
③ あまりよくない。

[11] 英語の音声付録(CD／ネット配信)はいかがでしたか。
① 役に立つ。　② あまり役に立たない。
③ まだ使用していない。

[12] 付録のカードやミニブックはいかがでしたか。
① 役に立つ。　② あまり役に立たない。
③ まだ使用していない。

[13] 文理の問題集で，使用したことがあるものがあれば教えてください。
① 小学教科書ワーク　② 中学教科書ワーク
③ 教科書ドリル　④ 中間・期末の攻略本
⑤ 完全攻略　⑥ その他

[14]「わからないをわかるにかえる」について，ご感想やご意見・ご要望等がございましたら教えてください。

[15] この本のほかに，お使いになっている参考書や問題集がございましたら，教えてください。また，どんな点がよかったかも教えてください。

ご住所	〒 都道府県 市区郡 電話 ー ー		
お名前	フリガナ	男・女	**学年** 年
お買上げ月 年 月	**学習塾に** □通っている □通っていない		

＊ご住所は，町名，番地までお書きください。

アンケートの回答：記入らん

[1] □①　□②　□③　□④　□⑤
[2] □①　□②　□③(　　)
[3] □①　□②　□③　□④　□⑤　□⑥
□⑦　□⑧(　　)
[4] □①　□②　□③　□④(　　)
[5] □①　□②　□③　□④(　　)
[6] □①　□②　□③
[7] □①　□②　□③
[8] □①　□②　□③
[9] □①　□②　□③
[10] □①　□②　□③
[11] □①　□②　□③
[12] □①　□②　□③
[13] □①　□②　□③　□④　□⑤　□⑥(　　)
[14]

[15]

ご協力ありがとうございました。わからないをわかるにかえる＊

これだけチェック！ ●現在完了形の否定文と疑問文は，have［has］を使って作る！

➡答えは別冊 p.4

1 (1)(2)は否定文に，(3)(4)は疑問文に書きかえましょう。

(1) I have stayed in Osaka for a long time. stayed：stay(滞在する)の過去分詞
I ＿＿ ＿＿ in Osaka for a long time.

(2) Tom has studied Japanese since last year.
Tom ＿＿ ＿＿ Japanese since last year.

(3) They have played baseball for three years.
＿＿ ＿＿ played baseball for three years?

(4) Judy has been sick since last Sunday. been：be の過去分詞　sick：病気の
＿＿ ＿＿ been sick since last Sunday?

2 〔 〕内の語句を並べかえて，英文を作りましょう。

(1) 彼は３年間ミホに会っていません。
〔 not / Miho / has / seen / he 〕 for three years. seen：see の過去分詞
＿＿＿＿＿＿＿＿＿＿ for three years.

(2) あなたはどのくらいの期間この国に住んでいますか。
〔 lived / have / how long / you / in 〕 this country?
＿＿＿＿＿＿＿＿＿＿ this country?
疑問詞で始める。

ABC 英語で書きましょう。

(1) ケン(Ken)は４年間神戸(Kobe)で働いていますか。
＿＿＿＿＿＿＿＿＿＿ for four years?

(2) ((1)の疑問文に答えて)　はい，働いています。
— Yes, ＿＿＿＿＿＿ .
Ken を代名詞にかえる。

9 経験を表す現在完了形①

「～したことがある」の文

2つめの用法，経験を習います。〈have [has] ＋過去分詞〉の形は同じですよ。

経験は，**「(これまでに)～したことがある」**という意味を表します。過去から現在までに経験したことを表すときに使います。

過去形

I visited America last summer.
私は昨年の夏アメリカを訪れました。

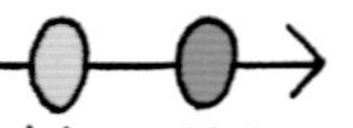

他の時期に訪れたことがあるかは表していない

昨年の夏　現在

現在完了形

I have visited America three times.
私はこれまでに3回，アメリカを訪れたことがあります。

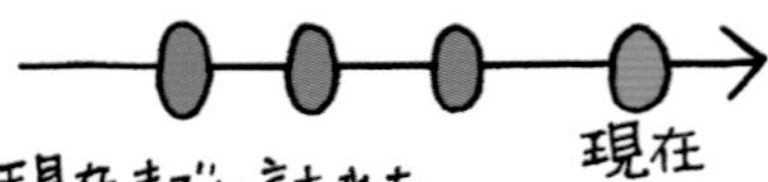

現在までに訪れた回数は3回

現在

継続では，since ～や for ～がよく使われましたね。経験では，**回数を表す語句**がよく使われます。たとえば，**once(1回，1度)**，**twice(2回，2度)**などです。3回以上の場合は，three times のように **times** を使います。また，**before(以前)**もよく使います。

once	1回，1度
twice	2回，2度
three times	3回，3度
many times	何回も，何度も

経験でよく使う表現に**「(今までに)～に行ったことがある」**があります。これは，**have [has] been to ～**と表すことに注意しましょう。

「～に行ったことがある」

Yuki has been to China before.
ユキは以前，中国に行ったことがあります。

これだけチェック! ●現在完了形の経験は「(これまでに)～したことがある」という意味！

➡答えは別冊 p.4

1 ［　　］に適する語を書きましょう。

(1) 私はその映画を２回見たことがあります。　映画：movie

I have watched the movie ［　　　］.

(2) 加藤先生は何回もテニスをしたことがあります。

Ms. Kato has played tennis ［　　　］［　　　］.

(3) 私の妹は１回カナダに行ったことがあります。　カナダ：Canada

My sister has ［　　　］ to Canada ［　　　］.

2 (　)内の内容を付け加えて，文を書きかえましょう。

(1) We hear this song.　(以前，聞いたことがあります)　以前：before

We ________________________________.

(2) My sister meets Nancy.　(１回会ったことがあります)　１回：once

My sister ________________________________.

(3) He reads this book.　(３回読んだことがあります)　～回：～ times

He ________________________________.

英語で書きましょう。

(1) 彼女は以前その動物園を訪れたことがあります。　動物園：zoo

She ________________________________.

「以前」は最後に置く。

(2) 私は４回韓国に行ったことがあります。　韓国：Korea

I ________________________________.

「行く」は be の過去分詞を使う。

10 経験を表す現在完了形②

経験の否定文・疑問文

否定文は, have[has]のあとに not を置きましたね。経験の否定文では,「一度も～ない」を表す never が not のかわりによく使われます。

肯定文
I have read the book.
have のあとに never
否定文
I have never read the book.
私はその本を一度も読んだことがありません。
ムツカシイんだも～ん
book
Point
「一度も～したことがない」⇒〈have[has]+never+過去分詞～〉の形!

疑問文は, have[has] を主語の前に置きましたね。経験の疑問文では,「これまでに」を意味する ever がよく使われます。ever は主語と過去分詞の間に置きます。

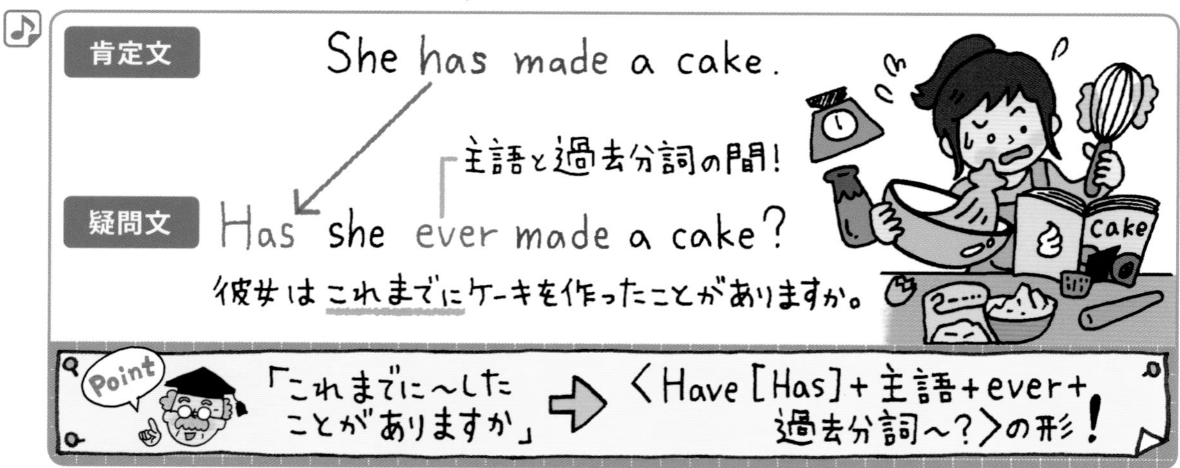

肯定文
She has made a cake.
主語と過去分詞の間!
疑問文
Has she ever made a cake?
彼女はこれまでにケーキを作ったことがありますか。
Cake
Point
「これまでに～したことがありますか」⇒〈Have[Has]+主語+ever+過去分詞～?〉の形!

経験の文では「何回～したことがありますか」と回数をたずねる疑問文もよく使います。How many times で文を始め, そのあとに現在完了形の疑問文を続けます。

回数をたずねる
How many times have you seen the movie?
あなたはその映画を何回見ましたか?
— Three times. 3回です。

これだけチェック！
●経験の否定文では never をよく使う！
●経験の疑問文では ever をよく使う！

➡答えは別冊 p.4

1 ［　］に適する語を書きましょう。

(1) 私は一度もピアノをひいたことがありません。
I have ［　　］［　　］ the piano.
一度も～ない

(2) ケンは一度もコアラを見たことがありません。
Ken ［　　］［　　］［　　］ koalas.
一度も～ない　コアラ

(3) あなたはこれまでにその話を聞いたことがありますか。
Have you ［　　］［　　］ the story?
これまでに　話

(4) ボブはこれまでに納豆を食べたことがありますか。
［　　］ Bob ［　　］［　　］ *natto*?
これまでに

(5) あなたは富士山に何回登ったことがありますか。
［　　］ many ［　　］ have you climbed Mt. Fuji?
疑問詞　登る

2 〔　〕内の語句を並べかえて，英文を作りましょう。

(1) 彼らは一度も京都に行ったことがありません。
They 〔 never / been / have / to 〕 Kyoto.

They ＿＿＿＿＿＿＿＿＿＿＿＿＿＿ Kyoto.
never は have のあと。

(2) あなたはこれまでにその本を読んだことがありますか。
〔 you / read / ever / have 〕 the book?

＿＿＿＿＿＿＿＿＿＿＿＿＿＿ the book?
ever は主語のあと。

(3) ユキは何回その博物館を訪問したことがありますか。
〔 Yuki / how / many times / visited / has 〕 the museum?　museum：博物館

＿＿＿＿＿＿＿＿＿＿＿＿＿＿ the museum?

11 完了を表す現在完了形

「～したところだ」「～してしまった」の文　13

最後に，完了を表す現在完了形を習います。継続や経験との違いをおさえましょう。

完了は，「(ちょうど)～したところだ」「(もう)～してしまった」という意味を表します。過去に始まった動作や状態が完了したことを表すときに使います。just(ちょうど)やalready(すでに)などの語がよく使われます。

過去形
I finished lunch two hours ago.
私は2時間前に昼食を終えました。
2時間前
現在
えっもう!?
ぐう～
現在完了形
I have just finished lunch.
私はちょうど昼食を終えたところです。
昼食中
現在

これもタイセツ
just(ちょうど，たった今)やalready(もう，すでに)は過去分詞の前に置きます。
(例) I have already had dinner.　(私はもう夕食を食べてしまいました。)

否定文，疑問文の作り方は継続や経験と同じです。しかし，文の最後にyetを置く点が違います。否定文のyetは「まだ」の意味で，「まだ～していません」を表します。それに対して，疑問文のyetは「もう」の意味で，「もう～しましたか」を表します。

否定文
I have not cleaned the room yet.
私はまだ部屋をそうじしていません。
文末
疑問文
Have you cleaned the room yet?
あなたはもう部屋をそうじしましたか。
…。
yetは
否定文では「まだ」
疑問文では「もう」!
これダケ

これだけチェック！ ●現在完了形の完了は「～したところだ」「～してしまった」を表す！

➡答えは別冊 p.5

1 just, already, yet のうち［　　］に適する語を書きましょう。

(1) 私はちょうど宿題を終えたところです。

I have［　　　　］finished my homework.　homework：宿題

(2) エミはすでに自分の部屋をそうじしました。

Emi has［　　　　］cleaned her room.

(3) 彼女はまだお皿を洗っていません。

She hasn't washed the dishes［　　　　］.　hasn't：has not の短縮形

→否定文で「まだ」。

(4) 彼らはもう家を出ましたか。

Have they left home［　　　　］?　left：leave の過去分詞　leave home：家を出る

→疑問文で「もう」。

2 英語で書きましょう。

(1) 私はすでにその手紙を書いてしまいました。　書く：write

I have ________________________ the letter.

(2) 彼女はちょうど昼食を食べたところです。　食べる：eat

She has ________________________ lunch.

(3) 彼らはまだ公園に到着していません。　公園：the park　～に到着する：arrive at ～

They have ________________________.

「まだ」は文末に置く。

(4) 彼はもう宿題をしましたか。　(彼の)宿題をする：do his homework

Has he ________________________?

「もう」は文末に置く。

— いいえ，していません。

— No, ________________.

12 現在完了形のまとめ

♪ 14

現在完了形の３つの用法についてまとめて復習しましょう。

現在完了形は過去から今につながる現在の動作や状態を表します。〈have [has] ＋過去分詞〉の形で表します。継続，経験，完了の３つの用法があります。

♪

継続　「ずっと～している」
I have studied English for five years.
私は５年間英語を勉強しています。

経験　「(これまでに)～したことがある」
She has visited America three times.
彼女は３回アメリカを訪れたことがあります。

完了　「(ちょうど)～したところだ」「(もう)～してしまった」
I have just finished lunch.
私はちょうど昼食を終えたところです。

現在完了形の否定文では，have [has] のあとに not を置きます。
疑問文では，have [has] を主語の前に置きます。答えるときも，have [has] を使います。

否定文　主語 ＋ have [has] ＋ not ＋ 過去分詞 ～.
→ 短縮形は haven't [hasn't]

疑問文　Have [Has] ＋ 主語 ＋ 過去分詞 ～?
— Yes, 主語＋ have [has]. / No, 主語＋ haven't [hasn't].

現在完了形では，それぞれの用法によく使われる語句があります。それぞれしっかり覚えておきましょう。

継続	経験	完了
〈for ＋期間を表す語句〉～の間	once（１回），twice（２回）	just（ちょうど，たった今）
〈since ＋始まりを表す語句〉～から，～以来	～ times（～回），before（以前）	already（すでに）
	never（一度も～ない）	yet（[否定文で] まだ，[疑問文で] もう）
	ever（[疑問文で] これまでに）	

これだけチェック！ ●〈have [has]＋過去分詞〉には，継続，経験，完了の３つの用法がある！

➡答えは別冊 p.5

1 ［　］に適する語を書きましょう。

(1) 私は 2017 年から東京に住んでいます。

I ［　］ ［　］ in Tokyo ［　］ 2017.
～から

(2) 彼らは２回沖縄を訪れたことがあります。

They ［　］ ［　］ Okinawa ［　］ .
２回

(3) 彼女はちょうど手紙を書いたところです。

She ［　］ ［　］ ［　］ the letter.
ちょうど

(4) 私たちはすでに台所をそうじしてしまいました。

We ［　］ ［　］ ［　］ the kitchen.
すでに

2 次の文を（　）内の指示にしたがって書きかえましょう。

(1) I have eaten *sushi*. （never を使って否定文に） eaten：eat の過去分詞

I have ________________ *sushi*.

(2) Tom has read this book three times. （下線部をたずねる文に）

________________ this book?

「トムは何回この本を読んだことがありますか」という文にする。

(3) We have finished breakfast. （「まだ～していません」という否定文に）

We ________________ .

「まだ」を表す語は文の最後。breakfast：朝食

英語で書きましょう。

(1) 私は６年間このコンピューターを使っています。 コンピューター：computer　使う：use

________________ six years.

(2) あなたはこれまでにオーストラリアに行ったことがありますか。 これまでに：ever

________________ Australia?

13 現在完了進行形

「(今までずっと)～している」の文

現在完了形について，「継続」「経験」「完了」の３用法を習いましたね。〈have [has] ＋過去分詞〉の形で表し，過去から現在につながる動作や状態を表す点では共通です。

この現在完了形と現在進行形を組み合わせた形に**「現在完了進行形」**があります。**〈have[has] been ＋動詞の ing 形〉**で表し，**「(今までずっと)～している」**を意味します。been は，現在進行形〈be 動詞＋動詞の ing 形〉の be 動詞の過去分詞です。

現在完了進行形は，**過去のある時点で始まった動作が今も続いている**ことを表します。

現在完了進行形の文では，継続の文(22 ページ参照)と同様，**for**(～の間)や **since**(～から，～以来)をいっしょに用いることが多いです。また，疑問文では，期間をたずねる **How long have[has] ～？**の形(24 ページ参照)でよく用いられます。

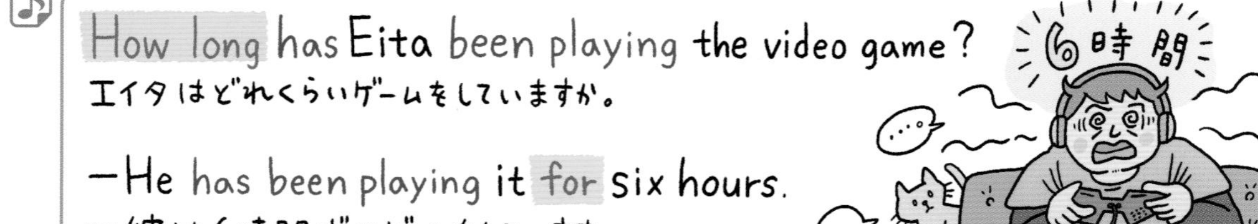

How long has Eita been playing the video game?
エイタはどれくらいゲームをしていますか。
—He has been playing it for six hours.
—彼は6時間ずっとゲームをしています。
6時間
…
…

練習問題

これだけチェック！ ●現在完了進行形は〈have [has] been ＋動詞の ing 形〉で表す！

➡答えは別冊 p.5

1 ［　］に適する語を書きましょう。

(1) 私は２時間ずっとピアノをひいています。

I ［　］［　］ playing the piano for two hours.

(2) トムは１時間ずっと公園を走っています。

Tom ［　］［　］ running in the park for an hour.

(3) あなたは正午からずっとその本を読んでいますか。　正午：noon

― はい，読んでいます。 / いいえ，読んでいません。

［　］ you ［　］ reading the book since noon?

― Yes, ［　］［　］. /

No, ［　］［　］.

2 〔　〕内の語句を並べかえて，英文を作りましょう。

(1) １週間ずっと雨が降っていません。

It〔 raining / been / hasn't 〕for a week.　hasn't：has not の短縮形

It ________________________ for a week.

(2) あなたはどのくらいの間ここで待っていますか。― ３時間です。

〔 you / have / been / how long 〕waiting here? ― For three hours.　wait：待つ

________________________ waiting here?

疑問詞で始める。

― For three hours.

ABC 現在完了進行形を使って，英語で書きましょう。

(1) 私は６年間ずっと英語を勉強しています。

I ________________________ six years.

(2) 私の姉は今朝からずっとテレビを見ています。

My sister ________________________ this morning.

まとめのテスト

勉強した日　月　日　得点　／100点

➡答えは別冊 p.5

1 次の文の　　　に，（　）内から適する語を選んで書きなさい。　3点×5（15点）

(1) I ＿＿＿ wanted a new bike for a long time. (am / have / has)
want：ほしい　for a long time：長い間

(2) She ＿＿＿ just written her report.　(is / have / has)
just：ちょうど　report：レポート

(3) They have lived in Japan ＿＿＿ last year.　(since / for / from)
last year：昨年

(4) We have listened to the song ＿＿＿ .　(yet / before / ever).　song：歌

(5) I have been ＿＿＿ TV for two hours.　(watch / watched / watching).

2 次の日本文にあうように，　　　に適する語を書きなさい。　5点×4（20点）

(1) あなたはこれまでに富士山に登ったことがありますか。　登る：climb
— はい，あります。２回登ったことがあります。
Have you ＿＿＿ climbed Mt. Fuji?
— Yes, I have.　I have climbed it ＿＿＿ .

(2) 私の両親はすでに家に帰ってきています。　親：parent
My parents ＿＿＿ ＿＿＿ come home.

(3) 彼はもう車を洗いましたか。　洗う：wash
＿＿＿ he ＿＿＿ the car ＿＿＿ ?

(4) 私たちは６年間ずっと英語を勉強しています。
We ＿＿＿ ＿＿＿ ＿＿＿ English for six years.

こまったときのヒント

1 (1)「私は長い間ずっと新しい自転車をほしいと思っています」 (2)「彼女はちょうどレポートを書いたところです」 (3)「彼らは昨年から日本に住んでいます」 (4)「私たちは以前その歌を聞いたことがあります」 (5)「私は２時間ずっとテレビを見ています」

2 (1)経験を表す文。(2)主語の「両親」は複数形。(3)完了を表す文。「もう」を表す語は文末に置く。
(4)現在完了進行形は〈have［has］＋ been ＋動詞の ing 形〉で表す。

3 〔 〕内の語を並べかえて，英文を書きなさい。 8点×4(32点)

(1) 私は一度もハワイに行ったことがありません。 Hawaii：ハワイ

I〔 never / to / been / have / Hawaii 〕.

I ＿＿＿＿＿＿＿＿＿＿＿＿＿＿＿＿＿＿＿＿ .

(2) 私の弟はまだ家を出ていません。 left：leave の過去分詞

My brother〔 yet / left / has / home / not 〕.

My brother ＿＿＿＿＿＿＿＿＿＿＿＿＿＿＿＿＿＿ .

(3) あなたたちはどれくらいの期間，奈良に滞在していますか。 stay：滞在する

〔 long / you / stayed / how / have 〕 in Nara?

＿＿＿＿＿＿＿＿＿＿＿＿＿＿＿＿＿＿＿＿ in Nara?

(4) メアリーは正午からずっとユキと話しています。 noon：正午 talk with ～：～と話す

Mary〔 with / been / Yuki / has / talking 〕 since noon.

Mary ＿＿＿＿＿＿＿＿＿＿＿＿＿＿＿＿＿＿ since noon.

ABC 次の日本文を英語にしなさい。 11点×3(33点)

(1) サム(Sam)は先週からずっと忙しい。 先週：last week 忙しい：busy

＿＿＿＿＿＿＿＿＿＿＿＿＿＿＿＿＿＿＿＿

(2) 私はその本を何回も読んだことがあります。 何回も：many times

＿＿＿＿＿＿＿＿＿＿＿＿＿＿＿＿＿＿＿＿

(3) 彼らは３時間ずっとサッカーをしています。(現在完了進行形を使って) 1時間：hour

＿＿＿＿＿＿＿＿＿＿＿＿＿＿＿＿＿＿＿＿

3 (1)「一度も～ない」は never を使う。「(今までに)～に行ったことがある」は have[has] been to ～で表す。(2) not ～ yet で「まだ～ない」という意味。(3)「どれくらいの期間」→「どれくらい長く」と考える。(4)現在完了進行形の文。

✎ (1) busy は形容詞なので be 動詞が必要。be 動詞の過去分詞は been。(2)「何回も」→「多くの回数」と考える。read は原形，過去形，過去分詞が同じ形。

リスニング問題にチャレンジ

➡答えは別冊 p.6

1 (1)～(5)の絵について，それぞれア～ウの英文を聞き，絵の内容をもっとも適切に表しているものを１つ選び，その記号を書きなさい。 16

(1) (　　)

(2) (　　)

(3) (　　)

(4) (　　)

(5) (　　)

2 絵についての質問を聞き，それに対する答えをア～ウから１つ選び，記号を書きなさい。

17

(1)

(2)

(3)

(1) ア Yes, she did.　イ Yes, she has.　ウ For three years.　(　　)

(2) ア Yes, he did.　イ Yes, he has. Twice.　ウ Yes, he has. For one hour.　(　　)

(3) ア She studied math.　イ Yes, she has.　ウ No, she hasn't.　(　　)

不定詞

〈to ＋動詞の原形〉の不定詞には３つの用法がありましたね。

ここでは，その復習と，新しい使い方である，〈It is …(for —) to ～.〉や〈疑問詞＋ to ～〉，〈ask ＋人＋ to ～〉などを習います。

また，原形不定詞（動詞の原形）という新しい不定詞の形も習います。

It is … (for–) to ～.　(－にとって)～するのは…だ

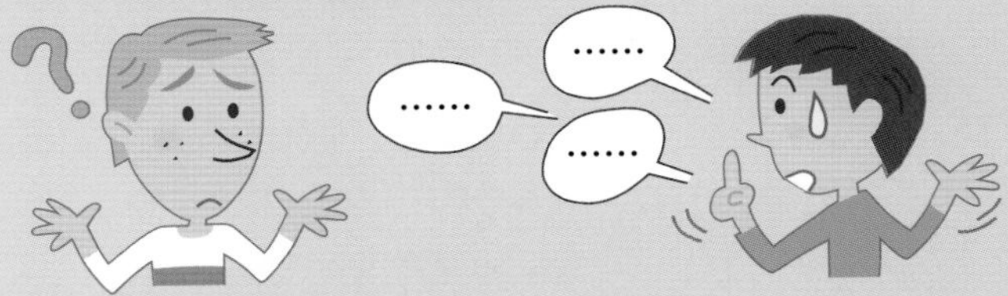

how to ～　～のしかた

ask＋人＋to ～　…に～するように頼む

勉強した日　　月　　日

14 不定詞の基本３用法①

名詞的用法・形容詞的用法

〈to ＋動詞の原形〉には，いろいろな使い方があるよ。まず，２年生で習った基本的な使い方を確認しておこうね。

まず，「～すること」を表す〈to ＋動詞の原形〉を復習しましょう。名詞と同じ働きをして，動詞の目的語になります（名詞的用法）。

「～すること」を表す不定詞は，次のような動詞のあとでよく使われます。

like to ～　～するのが好きだ　　start[begin] to ～　～し始める
hope to ～　～することを望む　　decide to ～　～することを決める

次は，「～するための」「～すべき」を表す〈to ＋動詞の原形〉です（形容詞的用法）。形容詞と同じ働きです。でも，形容詞と違って，名詞や代名詞を後ろから修飾します。

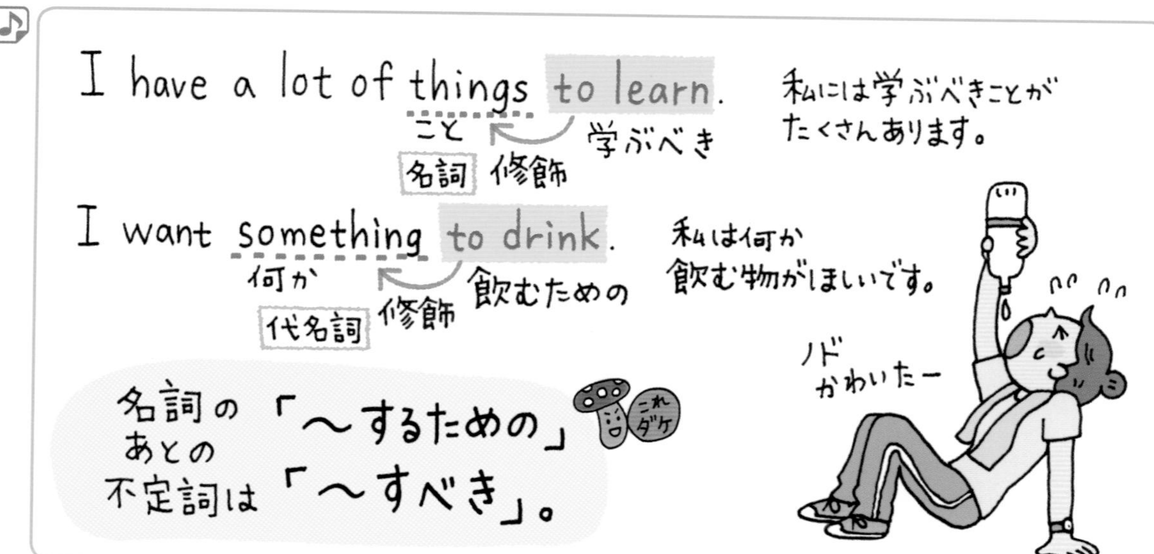

これだけチェック！
●不定詞は〈to ＋動詞の原形〉，この形はいつも同じ！

➡答えは別冊 p.6

1 ＿＿に適する語を書きましょう。

(1) 私はサッカーをすることが好きです。
I like ＿＿ ＿＿ soccer.

(2) 彼女は看護師になることを決心しました。 看護師：nurse 決心する：decide
She decided ＿＿ ＿＿ a nurse.

(3) ケンは中国語を勉強し始めました。 中国語：Chinese
Ken ＿＿ ＿＿ ＿＿ Chinese.

2 〔 〕内の語句を並べかえて，英文を作りましょう。

(1) 私は何か食べる物がほしい。
I〔 to / something / eat / want 〕.

I ＿＿＿＿＿＿＿＿＿＿ .

(2) エミには書くべき手紙がいくつかあります。
Emi〔 some letters / write / has / to 〕.

Emi ＿＿＿＿＿＿＿＿＿＿ .

(3) あなたには読むべき本がたくさんあります。 たくさんの～：a lot of ～
You〔 books / have / read / a lot of / to 〕.

You ＿＿＿＿＿＿＿＿＿＿ .

ABC ( )内の動詞を使って，英語で書きましょう。

(1) 彼は新しい辞書を買いたい。 (want, buy) 辞書：dictionary

He ＿＿＿＿＿＿＿＿＿＿ .

(2) 私にはするべき宿題がたくさんあります。 (have, do) 宿題：homework

I ＿＿＿＿＿＿＿＿＿＿ .

15 不定詞の基本３用法②

副詞的用法（目的，理由・原因）

３つめは，「～するために」と動作の目的を表す〈to ＋動詞の原形〉です（副詞的用法）。副詞と同じ働きをし，動詞を修飾するのでしたね。

We visited the zoo to see pandas.
私たちはパンダを見るために動物園を訪れました。
動詞
修飾
見るために
visitedの目的
動詞を修飾する不定詞は，
「～するために」。
これダケ
カワイイー

Why ～？（なぜ～？）に対して，To ～.（～するためです）と答えることがあります。
（例）Why did you go to the library?　（あなたはなぜ図書館に行きましたか。）
　　— To borrow some books.　（数冊の本を借りるためです。）

副詞の働きをする〈to ＋動詞の原形〉には，もう１つ使い方があります。気持ちや感情を表す形容詞のあとに置き，「～して」と気持ちや感情の理由・原因を表します。

I am happy to meet you.

気持ちを表す

be happy to ～以外の「～して」の表現についても，覚えましょう。

これで，いろいろな気持ちや感情の理由・原因を表すことができますね。

be glad to～	～してうれしい
be sorry to～	～して残念だ
be surprised to	～して驚く
be sad to～	～して悲しい

練習問題

これだけチェック！
●副詞の働きをする〈to ＋動詞の原形〉
「～するために」「～して」を表す！

➡答えは別冊 p.6

1 (　)内の内容をつけ加えて，文を書きかえましょう。

(1) I visited Nagoya. （スキーを楽しむために） skiing：sky(スキーをする)の ing 形
I visited Nagoya [　　] [　　] skiing.

(2) Miho got up early. （朝食を作るために） got up：get up(起きる)の過去形
Miho got up early [　　] [　　] breakfast.

(3) He studied English. （アメリカに行くために）
He studied English [　　] [　　] to America.

2 [　　]に適する語を書きましょう。

(1) 彼はその知らせを聞いて驚きました。 驚いた：surprised
He was surprised [　　] [　　] the news.

(2) 弟はあなたと話をして喜んでいました。 喜んで：glad
My brother was glad [　　] [　　] with you.

(3) 私はこの本を読んで悲しかったです。 悲しい：sad
I was [　　] [　　] [　　] this book.

英語で書きましょう。

(1) スミス先生は英語を教えるために日本に来ました。 ～に来る：come to ～
Mr. Smith ________________________________ English.

(2) 私はまたあなたに会えてうれしいです。 会う：see　うれしい：happy
I ________________________________ again.
また

(3) ユキはテニスをするために公園に行きました。
Yuki ________________________________ tennis.

16「～することは…です」の文

It is ... (for ―) to ～.

〈to ＋動詞の原形〉の基本的な使い方は確認できたかな。ここからは，〈to ＋動詞の原形〉を使った，いろいろな表現を習おうね。

まずは，「～することは…です」の文です。「～すること」は〈to ＋動詞の原形〉で表しますね。でも，これで文を始めると主語が長くなりますね。そこで，かわりに it を主語として置き，It is ... to ～. の形で表します。この it は，「それ」とは訳しませんよ。

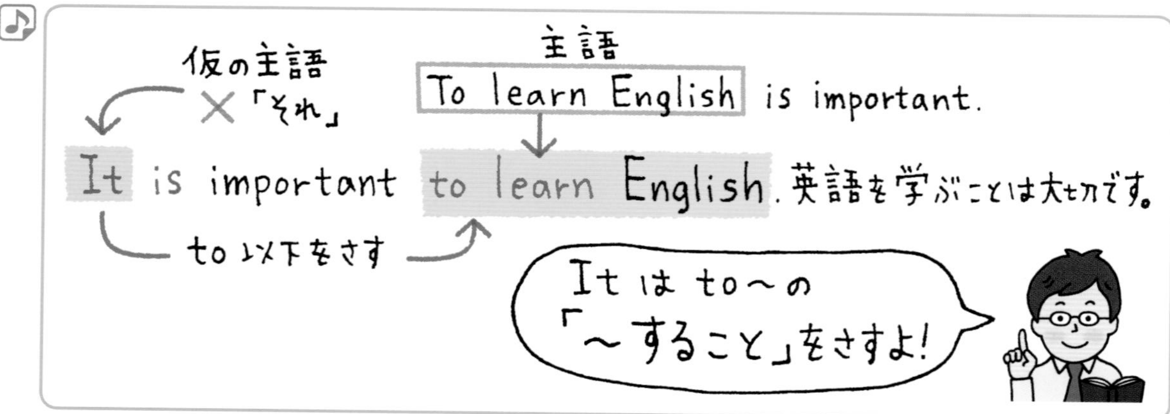

It is ... to ～. の文で「―にとって」の意味を加えるときは for ―を to ～の前に置きます。つまり，It is ... for ― to ～. で「―にとって～することは…です」を表します。

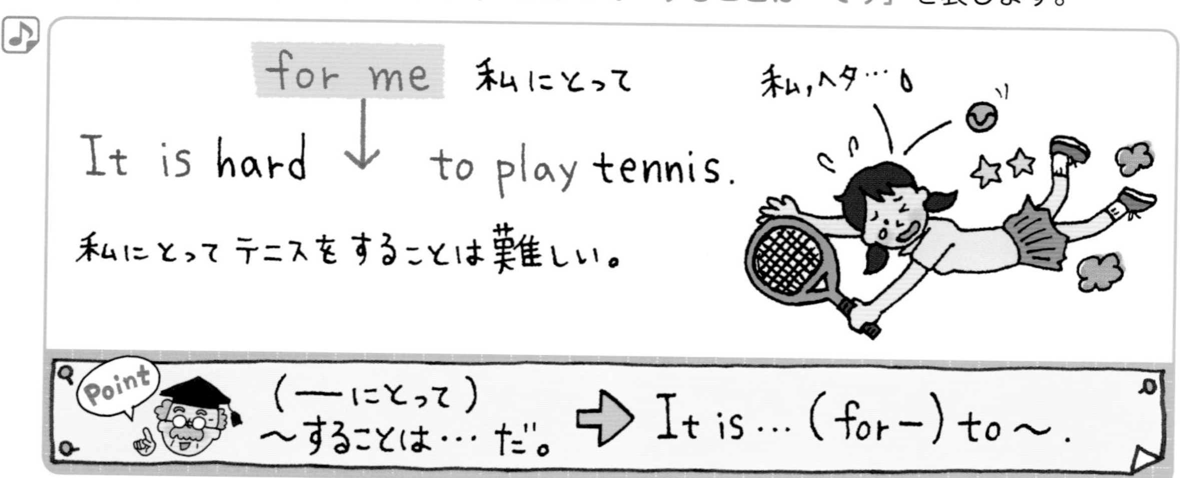

It is ... (for ―) to ～. の文では，important や hard 以外に，次の形容詞がよく使われます。

good よい
easy 簡単な
dangerous 危険な
difficult 難しい
interesting おもしろい，興味深い

練習問題

これだけチェック! ● It is ... to ～. で it は to ～をさす形式的な主語,「それ」とは訳さない！

➡答えは別冊 p.6

1 2つの文がほぼ同じ内容を表すように，□に適する語を書きましょう。

(1) To make a cake is easy. make a cake：ケーキを作る

□ is easy □ make a cake.

(2) To swim in this river is dangerous. dangerous：危険な

□ is dangerous □ □ in this river.

(3) To speak English was hard for me. hard：難しい，困難な

□ was hard □ me to □ English.

～にとって

2 〔 〕内の語を並べかえて，英文を作りましょう。

(1) 友人を助けることは大切です。 大切な：important

It〔 important / help / to / is 〕your friends.

It ________________________________ your friends.

(2) 本を読むことはおもしろい。 おもしろい：interesting

〔 to / is / read / interesting / it 〕books.

________________________________ books.

(3) 子どもたちにとって早く起きることはよいことです。 子どもたち：children(child の複数形)

〔 for / it / to / is / children / good 〕get up early.

________________________________ get up early.

〈for ＋人〉「～にとって」

ABC ( )内の語を使って，英語で書きましょう。

(1) 英語を毎日勉強することは必要です。 (necessary, study) 必要な：necessary

It ________________________________ every day.

(2) トム(Tom)にとって日本語を話すことは難しい。 (difficult, for, speak)

________________________________ Japanese.

17 「…に～してほしい」の文

〈want [ask / tell] ＋人＋ to ～〉 21

p.40 で習った want to ～は「～したい」でしたね。その形を少し変えたものが〈want ＋人＋ to ～〉です。「…に～してほしい」という意味を表します。

2つの違いは，to ～の行動をする人です。want to ～の文では「主語」ですが，〈want ＋人＋ to ～〉の文では，want のあとにくる「人」です。

I want to take pictures.

私は写真をとりたい。 → 写真をとるのは I

I want Yuki to take pictures.

私はユキに写真をとってもらいたい。 → 写真をとるのは Yuki

「…に～してほしい」は〈want ＋人＋ to～〉。

〈want ＋人＋ to ～〉の形は，want を ask や tell にかえて使うことができます。

〈ask ＋人＋ to ～〉は「…に～するように頼む」，〈tell ＋人＋ to ～〉は「…に～するように言う」という意味です。ask は「頼む」，tell は「言う」の意味ですよ。

I told him to open the window.

私は彼に窓を開けるように言いました。

I asked him to open the window.

私は彼に窓を開けるように頼みました。

「…に～するように頼む」 ⇨ 〈ask ＋人＋ to～〉

「…に～するように言う」 ⇨ 〈tell ＋人＋ to～〉

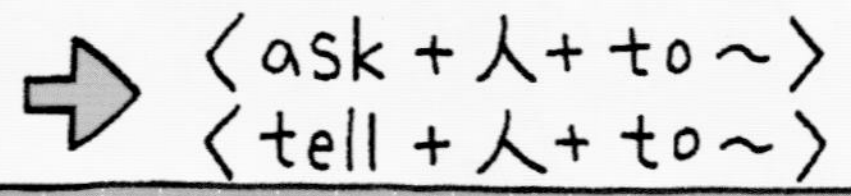

練習問題

これだけチェック！ ●「…に～してほしい［するように頼む・言う］」はwant［ask・tell］... to ～で表す！

➡答えは別冊 p.7

1 ＿＿に適する語を書きましょう。

(1) 私はあなたにこの本を読んでほしい。

I ＿＿ you ＿＿ read this book.

(2) 母は私に部屋をそうじするように言いました。

My mother ＿＿ ＿＿ to ＿＿ my room.

(3) ユキは妹にサラダを作るように頼みました。　サラダ：salad

Yuki ＿＿ her sister ＿＿ ＿＿ a salad.

2 〔　〕内の語句を並べかえて，英文を作りましょう。

(1) 先生は私たちに熱心に勉強してほしいと思っています。　熱心に：hard

Our teacher wants 〔 study / us / to / hard 〕.

Our teacher wants ＿＿＿＿＿＿＿＿.

(2) 母は私たちに早く起きるように言います。　起きる：get up

My mother 〔 us / to / tells / get up 〕 early.

My mother ＿＿＿＿＿＿＿＿ early.

(3) 私たちはエミにピアノをひいてくれるように頼みました。　ピアノをひく：play the piano

〔 Emi / we / to / asked / play 〕 the piano.

＿＿＿＿＿＿＿＿ the piano.

英語で書きましょう。

(1) 私たちは彼女にパーティーに来てほしい。　パーティー：the party

We ＿＿＿＿＿＿＿＿.

(2) 私は彼に窓を閉めるように言いました。　閉める：close

I ＿＿＿＿＿＿＿＿ the window.

18 「〜のしかた」の文

how to 〜

今回は，how や what などの疑問詞のあとに〈to ＋動詞の原形〉の形を置く言い方を習います。〈疑問詞＋ to ＋動詞の原形〉がひとまとまりで動詞の目的語になりますよ。

まず，how からみていきましょう。how to 〜は，「〜のしかた，〜する方法」という意味です。know や tell などの動詞のあとでよく用いられます。

目的語

I know how to play the guitar.　私はギターのひき方を知っています。

ひき方

目的語

Please tell me how to get to the park.　公園への行き方を教えてください。

行き方

how to 〜
〜のしかた，〜する方法

これダケ

次は what をみてみましょう。what to 〜は「何を〜したらよいか」「何を〜すべきか」という意味です。

目的語

I don't know what to do next.　私は次に何をしたらよいかわかりません。

何をしたらよいか

what to 〜
何を〜したらよいか

これダケ

where や when も〈疑問詞＋ to ＋動詞の原形〉の形で，動詞の目的語になります。

where to 〜は「どこで[へ]〜すべきか」，when to 〜は「いつ〜すべきか」という意味です。

Do you know where to go?
あなたはどこへ行くべきか知っていますか。

Tell me when to start.
いつ出発すべきか教えて。

練習問題

これだけチェック！ ●〈疑問詞＋ to ＋動詞の原形〉がひとまとまりで動詞の目的語になる！

➡答えは別冊 p.7

1

[　] に適する語を書きましょう。最初の [　] は [　] から疑問詞を選びましょう。

what / where / when / how

(1) 私は何を読むべきかわかっています。
I know [　] [　] read.

(2) あなたはいつ出発すべきか知っていますか。
Do you know [　] [　] leave?

(3) どこに行くべきか私たちに教えてください。
Please tell us [　] [　] go.

(4) 彼は私に泳ぎ方を教えてくれました。
He taught me [　] [　] swim. taught：teach の過去形

2

〔　〕内の語を並べかえて，英文を作りましょう。

(1) 私は彼らに何を買うべきか知っています。
I know〔 what / buy / to 〕for them.

I know ______________________ for them.

(2) 私はどこへかばんを置くべきかよいかわかりません。
I don't〔 to / know / put / where 〕my bag.

I don't ______________________ my bag.

(3) あなたはいつ彼に電話をすべきか知っていますか。 電話をする：call
Do you〔 to / know / when / call 〕him?

Do you ______________________ him?

(4) 図書館への行き方を私に教えてください。 ～に着く：get to ～　教える：tell
Please〔 me / tell / to / how / get 〕to the library.

Please ______________________ to the library.

19 「…が～するのを手伝う」の文

〈help [let / make] ＋人＋原形不定詞〉　23

不定詞には〈to ＋動詞の原形〉の形以外に，「動詞の原形」だけで使う形があります。この形を原形不定詞といいます。今回は，この原形不定詞を使った文をみていきましょう。

まずは，原形不定詞を help で使った場合です。〈help ＋人など＋原形不定詞〉で「…が～するのを手伝う」という意味です。原形不定詞の行動をする人は，help のあとにくる目的語（「人など」）であることに注意しましょう（46ページの〈want[ask / tell] ＋人＋ to ～〉の形も復習しておきましょう）。

原形不定詞は，let と make の文でも使うことができます。

let の文は，〈let ＋人など＋原形不定詞〉で「…に～させる」「…が～するのを許す」を表します。make の文は，〈make ＋人など＋原形不定詞〉で「…に～させる」を表します。

let の文も make の文も原形不定詞の行動をする人は，help と同様，それぞれ let や make のあとにくる目的語です。

これだけチェック！
- 〈動詞＋人＋～〉，～には動詞の原形！
- この形をとる動詞は help, let, make など！

➡答えは別冊 p.7

1 (　)内の動詞を使って，□に適する語を書きましょう。

(1) ジェーンはお母さんが夕食を料理するのを手伝いました。　(cook, help)

Jane □ her mother □ dinner.
料理する

(2) 私にあなたの電話番号を知らせてください。　(know, let)

Please □ me □ your phone number.
知る　電話番号

(3) その本は私を泣かせました。　(cry, make)

The book □ me □ .
泣く

2 〔　〕内の語を並べかえて，英文を作りましょう。

(1) ボブは私が宿題をするのを手伝ってくれました。

Bob〔 do / helped / me 〕my homework.

Bob ＿＿＿＿＿＿＿＿＿＿ my homework.

(2) 私の父は私が彼のコンピュータを使うのを許してくれました。　let：let(許す)の過去形

My father〔 use / let / me 〕his computer.

My father ＿＿＿＿＿＿＿＿＿＿ his computer.

(3) ケンはいつも人々を笑わせます。　笑う：laugh

Ken always〔 people / laugh / makes 〕.

Ken always ＿＿＿＿＿＿＿＿＿＿ .

ABC (　)内の動詞を使って，英語で書きましょう。

(1) 私は彼らがその部屋をそうじするのを手伝いました。　(clean, help)

＿＿＿＿＿＿＿＿＿＿ the room.
〈help＋人＋～〉の形，～には動詞の原形がくる。

(2) 私に一人でそこに行かせてください。　(go, let)　一人で：alone

Please ＿＿＿＿＿＿＿＿＿＿ alone.
〈let＋人＋～〉の形，～には動詞の原形がくる。

20 不定詞のまとめ

24

まずは，〈to ＋動詞の原形〉の不定詞の基本の使い方から確認しましょう。

名詞の働き	～すること	主に動詞の目的語
形容詞の働き	～するための，～すべき	名詞・代名詞を修飾
副詞の働き	～するために(目的)，～して(理由・原因)	動詞，形容詞を修飾

「～すること」の使い方を応用させたのが，It is ... (for —) to ～. の文です。「(—にとって)～することは…です」という意味です。主語の it は〈to ＋動詞の原形〉の「～すること」をさしています。it を「それ」と訳してはいけませんよ。

It is hard for me to play tennis .　私にとってテニスをすることは難しいです。

〈want ＋人＋ to ～〉は「…に～してほしい」を意味します。〈to ＋動詞の原形〉の行動をする人は，「(…)」です。この形は，動詞が ask や tell などのときにも使います。

I want Yuki to take photos .　私はユキに写真をとってほしいです。

→写真をとるのはユキ

〈want ＋人＋ to ～〉	…に～してほしい
〈ask ＋人＋ to ～〉	…に～するように頼む
〈tell ＋人＋ to ～〉	…に～するように言う

疑問詞のあとに〈to ＋動詞の原形〉を続けることもできます。how to ～は「～のしかた，～する方法」の意味です。how to ～以外にも，what to ～や where to ～などがあります。これらは，know や tell などの動詞の目的語になります。

I told Mai how to get to the park .　私はマイに公園への行き方を教えました。

→told［tell の過去形］の目的語

how to ～	～のしかた，～の方法	what to ～	何を～すべきか
when to ～	いつ～すべきか	where to ～	どこで［へ］～すべきか

最後に，〈動詞＋目的語＋動詞の原形［原形不定詞］〉の形を確認しましょう。

I helped Ken cook curry .　私はケンがカレーを作るのを手伝いました。

→カレーを作るのはケン

〈let ＋人など＋原形不定詞〉	「…に～させる」「…が～するのを許す」
〈make ＋人など＋原形不定詞〉	「…に～させる」

これだけチェック！
●〈to ＋動詞の原形〉の使い方を確認！
●〈help ＋人＋～〉の「～」には動詞の原形！

➡答えは別冊 p.7

1 (　)内の語が入る位置をア～ウから選び，記号を○で囲みましょう。

(1) It is ア important イ for you ウ practice tennis hard. (to)
練習する

(2) Do you know ア to イ leave for ウ Nara? (when)
出発する

(3) Ken asked ア me イ close ウ the window. (to)
窓

(4) Can you let ア me イ her ウ phone number? (know)
電話番号

2 □に適する語を書きましょう。

(1) 私たちはまたあなたに会えてうれしいです。
We are happy □ □ you again.
また

(2) テニスをすることは彼らには楽しい。
□ is fun □ them □ play tennis.
〈to ＋動詞の原形〉をさす語が入る。

(3) あなたはユキにあとであなたに電話してほしいですか。
Do you □ Yuki □ call you back?
あとであなたに電話する

(4) 私は昨日，母が昼食を作るのを手伝いました。
I □ my mother □ lunch yesterday.
動詞の原形が入る。

ABC (　)内の語を使って，英語で書きましょう。

(1) 私にとって数学を勉強することはおもしろい。 (study, interesting)
________________ math.
it で文を始める。

(2) 私はこのコンピュータの使い方を知っています。 (use)
I know ________________.
このコンピュータ：this computer

まとめのテスト

勉強した日　月　日　得点　／100点

➡答えは別冊 p.7

1 次の日本文にあうように，□に適する語を書きなさい。 5点×5(25点)

(1) 彼は英語を勉強するために図書館に行きました。 図書館：library
He went to the library □ □ English.

(2) ここで泳ぐことは危険です。 ここで：here　危険な：dangerous
□ is dangerous □ swim here.

(3) 母は私にお皿を洗うように言いました。 皿：dish
My mother □ me □ wash the dishes.

(4) 私はその自転車を買うことに決めました。 決める：decide
I decided □ □ the bike.

(5) 私にあなたの新しい住所を知らせてください。 住所：address
Please □ me □ your new address.

2 次の英文を日本語にしなさい。 5点×4(20点)

(1) We want her to sing a song. sing：歌う
私たちは(　　　　　　　　　　　　　　　　)。

(2) Tom didn't know what to say to her. say to ～：～に言う
トムは(　　　　　　　　　　　　　　　　)。

(3) It is important for her to study English hard. important：大切な　hard：熱心に
(　　　　　　　　　　　　　　　　)は大切です。

(4) Would you help me clean this room? clean：そうじする
(　　　　　　　　　　　　　　　　)くださいますか。

こまったときのヒント

1 (2)「～すること」のまとまりを後ろに置く。(3)「…に～するように言う」は〈tell＋人＋to ～〉で表す。
(5)「…が～するのを許す，…に～させる」は〈let＋人＋～〉で表す。

2 (1)〈want＋人＋to ～〉は「(人)に～してほしい」。(2) what to ～は「何を～したらよいか」。
(3) It is ... for＋人＋to ～. は「(人)にとって～することは…だ」。
(4)〈help＋人＋～〉は「(人)が～するのを手伝う」。

3 〔　〕内の語句を並べかえて，英文を書きなさい。 7点×4(28点)

(1) 私には学ぶべきことがたくさんあります。 learn：学ぶ　a lot of：たくさんの

I 〔 a lot of / learn / have / things / to 〕.

I ＿＿＿＿＿＿＿＿＿＿＿＿＿＿＿＿＿＿＿＿ .

(2) 私は兄にギターをひいてくれるように頼みました。

I 〔 play / my brother / asked / to / the guitar 〕.

I ＿＿＿＿＿＿＿＿＿＿＿＿＿＿＿＿＿＿＿＿ .

(3) エミは私にスキーのしかたを教えてくれました。 taught：teach の過去形

Emi 〔 me / ski / to / taught / how 〕.

Emi ＿＿＿＿＿＿＿＿＿＿＿＿＿＿＿＿＿＿＿＿ .

(4) ケンはメアリーが宿題をするのを手伝ってあげました。 do ～'s homework：宿題をする

Ken 〔 Mary / homework / her / do / helped 〕.

Ken ＿＿＿＿＿＿＿＿＿＿＿＿＿＿＿＿＿＿＿＿ .

ABC 次の日本文を英語にしなさい。 9点×3(27点)

(1) その知らせを聞いて私はうれしかったです。 その知らせ：the news　うれしい：happy

＿＿＿＿＿＿＿＿＿＿＿＿＿＿＿＿＿＿＿＿＿＿＿＿

(2) 彼女にとって本を読むのはおもしろいです。 おもしろい：interesting

＿＿＿＿＿＿＿＿＿＿＿＿＿＿＿＿＿＿＿＿＿＿＿＿

(3) ボブ(Bob)はどこへ行くべきかわからなかった。 どこへ：where

＿＿＿＿＿＿＿＿＿＿＿＿＿＿＿＿＿＿＿＿＿＿＿＿

3 (2)〈ask＋人＋to ～〉で「(人)に～するように頼む」。(3)〈teach＋人＋もの〉で「(人)に(もの)を教える」。「もの」の部分に「スキーのしかた」を置く。「～のしかた」は〈how＋to＋動詞の原形〉。 (4)〈help＋人＋～〉で「…が～するのを手伝う」。

(1)「～してうれしい」は be happy to ～で表す。(2) it を使った不定詞の文。(3)「ボブはわからなかった」という主語と動詞を先に作り，〈疑問詞＋to＋動詞の原形〉の形を続ける。

リスニング問題にチャレンジ

➡答えは 別冊 p.8

1 英文を聞き，その内容にあう絵をア～カから１つ選び，記号を書きなさい。 ♪ 25

(1)(　　　)　(2)(　　　)　(3)(　　　)　(4)(　　　)　(5)(　　　)

ア

イ

ウ

エ

オ

カ

2 下の絵を参考に対話を聞き，その内容にもっともあう英文をア～ウから１つ選び，その記号を書きなさい。 ♪ 26

(1)

ア　Mary has a lot of homework to do.
イ　It is easy for Mary to do her homework.
ウ　It is hard for Ken to do his homework.

(　　　)

(2)

ア　Bill's mother is going to take an umbrella.
イ　Bill wants his mother to take an umbrella.
ウ　Bill's mother told him to take an umbrella.

(　　　)

いろいろな文の形

　これまで，いろいろな文の形を習いましたね。ここでは，英語の基本的な５つの文の形を復習しましょう。ポイントは，動詞とそのあとに続く語ですよ。

　また，疑問詞を使った疑問文が文中に組み込まれた形，接続詞 that を使った文，感動や驚きなどを表すときに使う文も習いましょう。

～を…と名づける

AをBの状態にする

彼がだれかわからない

21 「(人)に～をあげる」などの文

〈give ＋人＋もの〉など

ここからは，英文の形について学習しようね。英文の形は，５つあるんだ。大事なのは，それぞれの文で使う動詞とそのあとに続く語の順番だよ！

まずは，「～に…をあげる」の表し方です。動詞 give のあとに，〈人＋もの〉を続けます。目的語は２つです。「～に」の「人」が先になることがポイントですよ。

「～に…を見せる」，「～に…を作る」の文も，動詞のあとに，〈人＋もの〉を続けて表します。「人」に代名詞がくるときは目的格（「～に[を]」の形）にすることも重要ですよ。

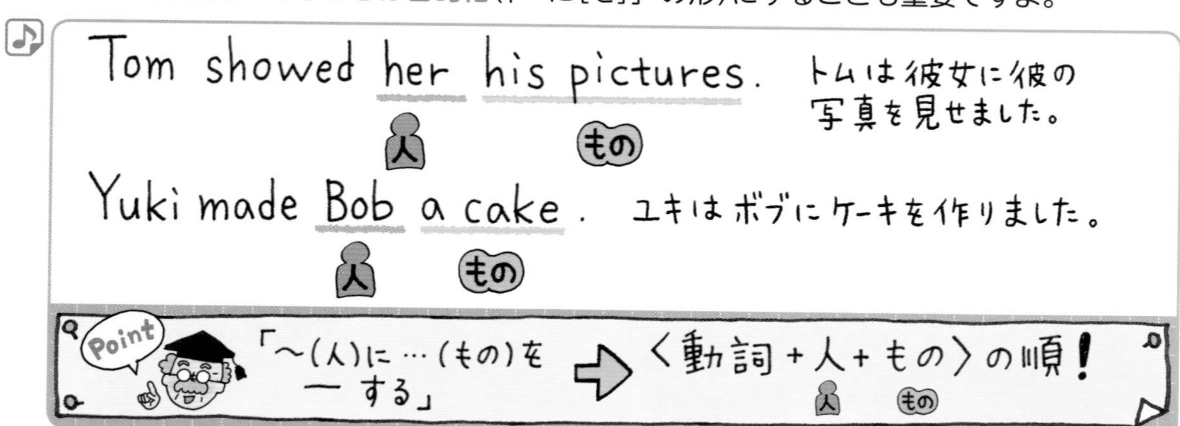

「～(人)に…(もの)を一する」の〈動詞＋人＋もの〉の形で表すことのできる動詞は，ほかに，buy，send，tell，teach などがあります。

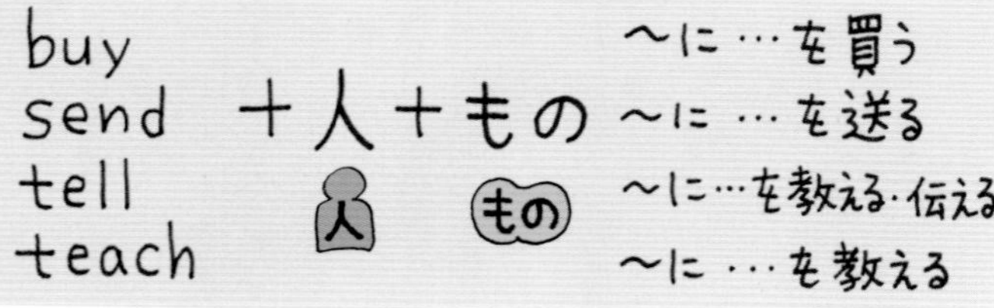

これだけチェック! ●「～(人)に…(もの)を～する」は〈動詞＋人＋もの〉の語順で表す！

➡答えは別冊 p.8

1 ［　］に適する語を書きましょう。

(1) 私はユキ(Yuki)にこれらの写真を送るつもりです。　送る：send

I will ［　　］［　　］ these pictures.

(2) 私たちは彼にこのアルバムを見せました。　見せる：show

We ［　　］［　　］ this album.

(3) トムは彼らに英語を教えます。

Tom ［　　］［　　］［　　］.

2 〔　〕内の語句を並べかえて，英文を作りましょう。

(1) 私は彼女にこの本をあげました。

I〔 her / this book / gave 〕.

I ＿＿＿＿＿＿＿＿＿＿＿＿＿＿＿＿.

(2) エミは弟に昼食を作りました。

Emi〔 her brother / made / lunch 〕.

Emi ＿＿＿＿＿＿＿＿＿＿＿＿＿＿＿＿.

(3) 私に駅に行く道を教えてください。　～に行く道：the way to ～

Please〔 tell / the way / me / to the station 〕.

Please ＿＿＿＿＿＿＿＿＿＿＿＿＿＿＿＿.

ABC 4語補って，英語で書きましょう。

(1) 私は彼らにこれらのカードをあげるつもりです。　これらのカード：these cards

I'll ＿＿＿＿＿＿＿＿＿＿＿＿＿＿＿＿.

(2) 母は私にバッグを買ってくれました。　バッグ：a bag

My mother ＿＿＿＿＿＿＿＿＿＿＿＿＿＿＿＿.

22 「AをBと呼ぶ[名づける]」の文

〈call [name] + A + B〉

今回は，「〜を…と呼ぶ」「〜を…と名づける」の文の表し方を習います。どちらも文の形は同じです。

まず，「AをBと呼ぶ」の表し方です。〈call + A + B〉の形で表します。Aには「人・もの」，BにはAの「呼び方」がきます。順番をまちがえないようにしましょう。

これもタイせつ

疑問詞 what を使って，「〜を何と呼びますか」とたずねることができます。
（例）What do you call this flower in English?（あなたはこの花を英語で何と呼びますか。）

次に，「〜を…と名づける」の表し方です。〈name + A + B〉の形で表します。動詞のすぐあとのAには「人[もの]」がきます。Bには「名前」がきます。call の文と同じ形ですね。同じように，順番に気をつけましょう。

We named the dog Gonzo.
A(人・もの) B(名前)
私たちはその犬をゴンゾーと名づけました。
女の子なのに
ゴンゾー!!
GONZO

Point

「AをBと呼ぶ」「AをBと名づける」 → call / name + A + B
(人・もの)(呼び方・名前)

これだけチェック！
●「AをBと呼ぶ」は〈call + A + B〉！
●「AをBと名づける」は〈name+A+B〉！

➡答えは別冊 p.8

1 □に適する語を書きましょう。

(1) 私はあの男の子をジム（Jim）と呼びます。

I ＿＿＿ that boy ＿＿＿ .

(2) 私たちは息子をケン（Ken）と名づけました。　息子：son

We ＿＿＿ our son ＿＿＿ .

(3) みんなは彼女をアキ（Aki）と呼びます。　みんな：everyone

Everyone ＿＿＿ ＿＿＿ ＿＿＿ .
3人称単数

(4) あなたはこの鳥を英語で何と呼びますか。　英語で：in English

＿＿＿ do you ＿＿＿ this bird in English?

2 〔　〕内の語句を並べかえて，英文を作りましょう。

(1) 私はあの女の子をエミリーと呼びます。

I 〔 that / Emily / call / girl 〕.

I ＿＿＿＿＿＿＿＿＿＿＿＿＿＿＿＿ .

(2) 彼はその犬をレオと名づけました。

He 〔 the / named / Leo / dog 〕.

He ＿＿＿＿＿＿＿＿＿＿＿＿＿＿＿＿ .

(3) 私たちの先生は彼をマイクと呼びます。

Our 〔 him / calls / teacher / Mike 〕.

Our ＿＿＿＿＿＿＿＿＿＿＿＿＿＿＿＿ .

(4) あなたはこの花を中国語で何と言いますか。　中国語で：in Chinese

〔 call / you / do / this flower / what 〕 in Chinese?

＿＿＿＿＿＿＿＿＿＿＿＿＿＿＿＿ in Chinese?

23 「AをBにする」の文

〈make + A + B〉

29

今回は，「この本は私を幸せにします」のように「A を B(の状態)にする」という言い方を習いましょう。「もの」が主語になる言い方は日本語ではそれほど多くありませんね。でも，英語ではよく使われる言い方です。

「A を B(の状態)にする」は動詞に make を使い，〈make + A + B〉の形で表します。A には「人・もの」，B には「気持ちや状態」を表す語(形容詞)がきます。

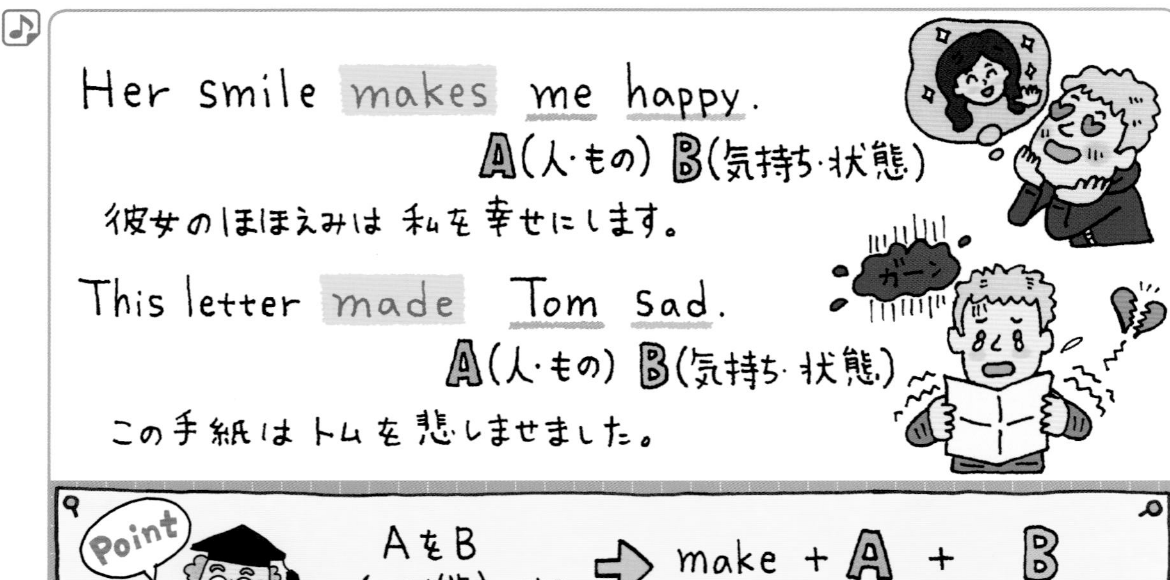

Her smile makes me happy.
A(人・もの) B(気持ち・状態)
彼女のほほえみは 私を幸せにします。
ガーン
This letter made Tom sad.
A(人・もの) B(気持ち・状態)
この手紙はトムを悲しませました。
Point
AをB(の状態)にする ➡ make + A + B
(人・もの) (気持ち・状態)

この〈make + A + B〉は，p.58 の〈make ＋人＋もの〉(人＝ A，もの＝ B)の文と似ていますね。でも，文の形が違います。〈make ＋人＋もの〉の文では，B に名詞がきます。これに対して，〈make + A + B〉では B に形容詞がきます。この違いはとても大切ですよ。

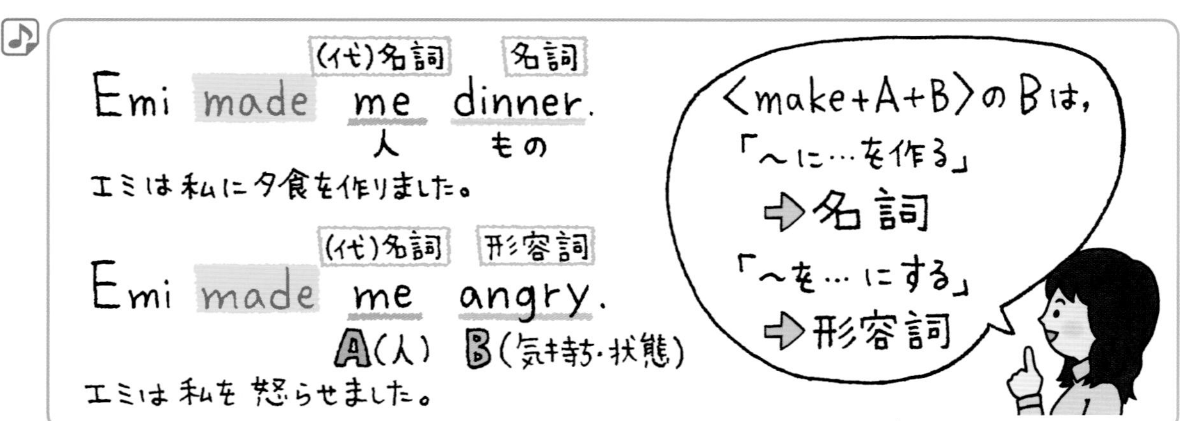

(代)名詞 名詞
Emi made me dinner.
人 もの
エミは私に夕食を作りました。
(代)名詞 形容詞
Emi made me angry.
A(人) B(気持ち・状態)
エミは私を怒らせました。
〈make+A+B〉のBは，
「～に…を作る」
➡名詞
「～を…にする」
➡形容詞

これだけチェック！ ●「AをB(の状態)にする」は〈make + A + B〉，Bには形容詞がくる！

➡答えは別冊 p.8

1 [ ] に適する語を書きましょう。

(1) その手紙は彼らを怒らせました。 怒った：angry

The letter made [ ] [ ] .

(2) この映画はブラウン氏を有名にしました。 有名な：famous

This movie [ ] Mr. Brown [ ] .

(3) 彼女の本は私たちを悲しい気持ちにします。 悲しい：sad

Her book [ ] [ ] [ ] .

2 〔 〕内の語句を並べかえて，英文を作りましょう。

(1) その映画はみんなを眠くさせました。

The movie〔 everyone / sleepy / made 〕. sleepy：眠い

The movie ______________________ .

(2) その試合は生徒たちを疲れさせました。

The〔 tired / made / game / the students 〕. tired：疲れた game：試合

The ______________________ .

(3) 友人と話すことは私を幸せにします。

Talking〔 makes / happy / me / with my friends 〕. talk with ～：～と話す

Talking ______________________ .

動名詞が主語になる。

ABC ( )内の形容詞を使って，英語で書きましょう。

(1) その知らせは私たちを興奮させました。 (excited) 知らせ：news

The ______________________ .

(2) あなたのプレゼントは彼女を驚かせました。 (surprised) プレゼント：present

Your ______________________ .

24 いろいろな文の形のまとめ

♪30

最後に，いろいろな文の形をまとめておきましょう。英語の基本的な文の形は，５つあります。１年，２年で習ったものも含め，確認しておきましょう。

♪

1
〈主語＋動詞〉

She **runs** in the park.　　彼女は公園を走ります。
　　動詞

「～は…する」の文。動詞：swim，live など

2
〈主語＋動詞＋形容詞〉
〈主語＋動詞＋名詞〉

Bob **looks** happy .　　ボブは幸せそうに見えます。
　　動詞　形容詞

He is Tom. のような be 動詞の文も該当。動詞：sound，become など

3
〈主語＋動詞＋目的語〉

We **play** tennis .　　私たちはテニスをします。
　　動詞　名詞＝目的語

「～を…する」の文。動詞：like，study，enjoy など

4は「～（人）に…（もの）を―する」の文です。動詞のあとに〈人＋もの〉が続きます。「人」「もの」，どちらも目的語です。**3**は目的語が１つなので，この点が異なります。

♪

4
〈主語＋動詞＋目的語＋目的語〉

Tom **gave** Emi some flowers .　　トムはエミに花をあげました。
　　「人」　「もの」
　　目的語

「～に…を―する」の文。動詞：buy，show，teach，tell など

5の文は２種類あります。①は **call**, **name** を使う文です。動詞のあとに「人・もの」→「呼び方・名前」が続きます。②は **make** を使う文です。動詞のあとは「人・もの」→「気持ち・状態」が続きます。「人・もの」のあとが，①の文は名詞，②の文は形容詞である点が異なります。

♪

5①
〈主語＋動詞＋目的語＋名詞〉

My friends **call** me Cathy .　　友人は私をキャシーと呼びます。
　　「人・もの」「呼び方」
　　　　　　　名詞

「～を…と呼ぶ[名づける]」の文。

5②
〈主語＋動詞＋目的語＋形容詞〉

This letter **made** Tom sad .　　この手紙はトムを悲しませました。
　　「人・もの」「気持ち・状態」
　　　　　　　形容詞

「～を…にする」の文。

これだけチェック!
●英語の基本的な文の形は5つ。
●それぞれの文で使う動詞に注意！

➡答えは別冊 p.9

1 (　)内の語が入る位置をア～ウから選び，記号を○で囲みましょう。

(1) We usually ア call イ Taro ウ . (him)

(2) I'm going ア to イ show ウ my pictures. (you)

(3) The song ア always イ makes ウ happy. (me)

(4) My sister will give ア a card イ Yuki ウ . (to)

2 □に適する語を書きましょう。

(1) あなたの計画はおもしろそうに聞こえます。　計画：plan

Your plan □ □ .

(2) 私はときどき彼らに数学を教えます。　数学：math

I sometimes □ □ □ .

(3) その話は彼女を悲しませました。　悲しい：sad

The story □ □ □ .

ABC (　)内の動詞を使って，英語で書きましょう。

(1) 私たちの先生は毎日忙しそうに見えます。 (look)　毎日：every day　忙しい：busy

Our ________________________ .

(2) 私たちはこのネコをタマ(Tama)と名づけました。 (name)　このネコ：this cat

We ________________________ .

(3) テニスをすることは彼を疲れさせます。 (make)　疲れた：tired

Playing ________________________ .

動名詞が主語になる。

25 文中に入る疑問文

間接疑問(文)

最後に，who や where などの疑問詞を使った疑問文が文中に組み込まれた形を習いましょう。たとえば，Who is that man? は，I don't know に続けると，I don't know who that man is.（私はあの男の人がだれか知りません。）となります。

疑問詞のあとの語順が〈主語＋動詞〉になっていますね。このような**動詞のあとに〈疑問詞＋主語＋動詞〉**が続く文を**間接疑問(文)**といいます。間接疑問は**動詞の目的語**になります。

一般動詞で疑問詞を使った疑問文を文中に組み込む場合は，動詞の形に注意しましょう。do, does, did は使わず，動詞の形は主語や時制に合わせます。

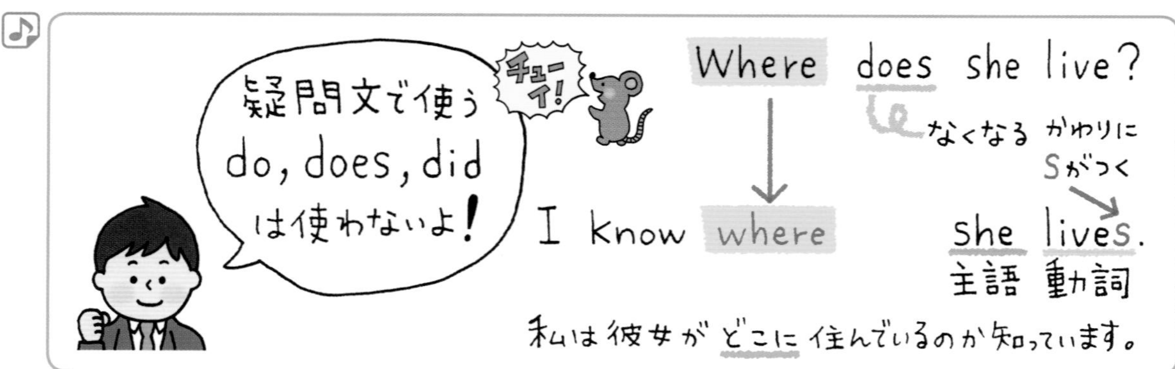

who や where 以外の疑問詞を使った疑問文も文中に組み込むことができます。また，動詞のあとに〈目的語(＝人)＋疑問詞＋主語＋動詞〉を続けることもできます。

Do you know what it is?（it：主語　is：動詞）それが何かあなたは知っていますか。

Please tell me how I can get to the station.（me：目的語　I：主語　get：動詞）
駅にはどのようにして行けばよいか教えてください。

練習問題

これだけチェック！ ●疑問文が文中に入ると（間接疑問），疑問詞のあとは〈主語＋動詞〉の語順！

➡答えは別冊 p.9

1 ［　　］に適する語を書きましょう。

(1) 私たちは彼らがいつ日本を出発したのか知っています。
We know ［　　］［　　］ left Japan.　left：leave の過去形

(2) 私は彼女がどこにいるのかわかりません。
I don't know ［　　］［　　］［　　］.

(3) あなたは彼がだれなのか知っていますか。
Do you know ［　　］［　　］［　　］?

(4) あなたが何が好きなのか私に教えてください。
Please tell me ［　　］［　　］［　　］.

2 〔　〕内の語句を並べかえて，英文を作りましょう。

(1) あなたはこれが何なのか知っていますか。
Do you 〔 this / know / is / what 〕?

Do you ______________________________ ?

(2) 私たちはサムがどこに行ったのかわかりません。
We don't 〔 where / went / Sam/ know 〕.　went：go の過去形

We don't ______________________________ .

(3) 私は彼女がいつこの手紙を書いたのか知っています。
I 〔 wrote / she / when / this letter / know 〕.　wrote：write の過去形

I ______________________________ .

(4) 彼がなぜ遅れたのか私に教えてくれますか。
Can you 〔 was / why / late / he / tell me 〕?　late：(時間に) 遅れた

Can you ______________________________ ?

26 接続詞 that

接続詞 that 

2年生で I think (that) ～. などの that は「～ということ」を表す接続詞 that であることを習ったね。この that を使ったほかの形もみてみようね。

接続詞 that のあとは〈主語＋動詞〉の形が続きましたね。この〈接続詞 that ＋主語＋動詞〉の形は，〈be 動詞＋形容詞〉のあとにも続けることができます。

接続詞のあとの文は，形容詞の内容を示しています。また，この that は省略できます。

I'm sure that he'll win the game.
きっと彼が試合に勝つと私は思う。
「～ということ」
sureの内容
be動詞
形容詞
接続詞
主語
動詞
このthatは省略できるよ！
きっと勝つわ

これもタイセツ
次のような〈be 動詞＋形容詞〉も，あとに〈接続詞 that ＋主語＋動詞〉が続きます。
be glad[happy] (that) ～　～ということがうれしい
be sorry (that) ～　～を残念に思う　　be afraid (that) ～　残念ながら～と思う

この接続詞 that の形は，目的語が2つある文で，〈主語＋動詞＋目的語(人)＋接続詞 that ～.〉の形で使うこともあります。tell, show, teach などの動詞の文で使われます。

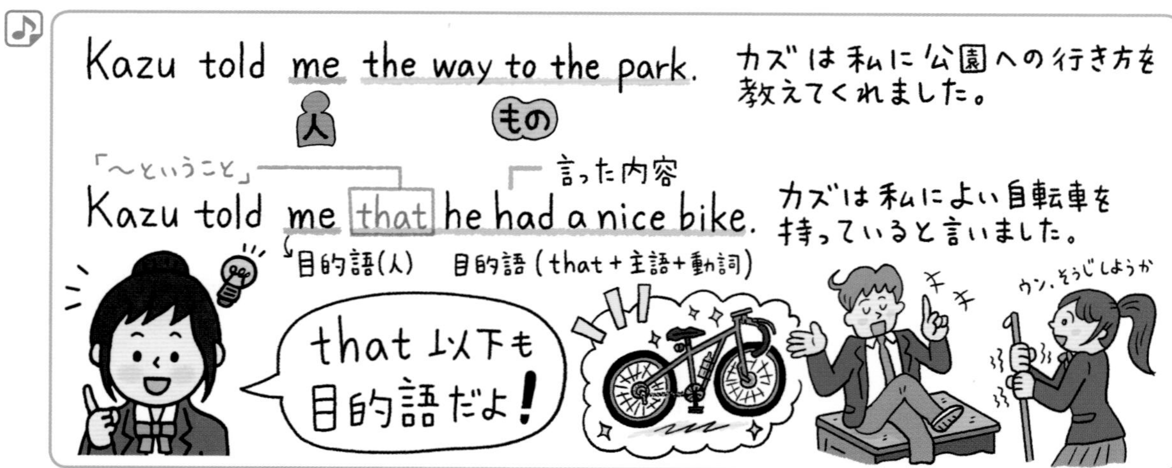
Kazu told me the way to the park.
カズは私に公園への行き方を教えてくれました。
人
もの
「～ということ」
言った内容
Kazu told me that he had a nice bike.
カズは私によい自転車を持っていると言いました。
目的語(人)
目的語(that＋主語＋動詞)
that以下も目的語だよ！
キラ
ウン、そうじしようか

動詞が過去形の場合，that 以下の(助)動詞も過去形になります(時制の一致)。
I tell Ken that he has to study Chinese. → I told Ken that he had to study Chinese.
(tell / has：現在形　told / had：過去形)

これだけチェック！ ●接続詞thatは〈tell＋人＋that ～〉や〈be動詞＋ glad that ～〉などの形で使う！

➡答えは別冊 p.9

1 [　　]に適する語を書きましょう。

(1) ケンはメアリーに彼女のカレーがおいしいと言いました。

Ken [　　] Mary [　　] her curry was delicious.

tell(言う)の過去形は told　カレー　おいしい

(2) 彼女に私たちは計画を変えたと言ってくださいますか。

Would you [　　] her [　　] we changed our plan?

言う　変えた　計画

(3) 残念ながらあなたを手伝うことができないと思います。

I'm [　　] [　　] I can't help you.

残念ながら～と思う

(4) あなたがここに来てくれてうれしいです。

I'm [　　] [　　] you came here.

うれしい　～ということ

2 〔　〕内の語を並べかえて，英文を作りましょう。

(1) 伊藤先生は私にたくさん本を読むべきだとよく言います。

Mr. Ito often〔 that / I / me / tells 〕should read many books.　should：～するべきだ

Mr. Ito often ______________________ should read many books.

〈tell＋人＋ that ～〉の形。

(2) この本は私たちに健康が重要であることを示しています。

This book〔 that / us / health / shows 〕is important.　health：健康　important：重要な

This book ______________________ is important.

〈show＋人＋ that ～〉で「…に～を示す」という意味。

(3) きっと彼らは勝つだろうと思います。

I'm sure〔 will / they / win 〕.　win：勝つ

I'm sure ______________________ .

きっと～と思う

(4) あなたが元気そうでうれしいです。

I'm glad〔 well / you / look 〕.　look：～に見える　well：元気な

I'm glad ______________________ .

～なのでうれしい

27 「なんて～でしょう！」の文

感嘆文

いろいろな文の形をみてきたね。最後に，how や what を使って気持ちや感情を表す文の形を習おうね。

「なんて～でしょう！」のように感嘆の気持ち，驚きや悲しみ，喜びの気持ちなどを表す文を**感嘆文**といいます。感嘆文は，**how** または **what** を使って表し，文の最後に感嘆符**！**（エクスクラメーションマークといいます）を使います。

まずは，how を使った感嘆文からみていきましょう。**〈How ＋形容詞［副詞］＋主語＋動詞！〉**の形で表します。**how が形容詞や副詞を強調**します。何をさしているかがわかっている場合は，〈主語＋動詞〉は省略することもあります。

This cake is very big.
How big this cake is!
形容詞　主語　動詞
このケーキはなんて大きいのでしょう。
なんて大きい
big!
HAPPY BIRTHDAY
big!
Point
感嘆文how ⇨〈How+形容詞[副詞]+主語+動詞!〉の形!
省略することもある

ミス注意

感嘆文で使う how と疑問文で使う how は，！と？以外に，how のあとの語順も異なります。

How old he is!（感嘆文）　How old is he?（疑問文）
主語 he／動詞 is　　動詞 is／主語 he

次は what を使った感嘆文をみてみましょう。**〈What（a［an］）＋形容詞＋名詞＋主語＋動詞！〉**の形で表します。how が形容詞または副詞を強調するのに対し，**what は〈形容詞＋名詞〉を強調**します。〈主語＋動詞〉を省略することがある点は同じです。

This is a very old camera.
What an old camera this is!
形容詞　名詞　主語　動詞
これはなんて古いカメラでしょう。
すすごい
ハア　ハア
Point
感嘆文what ⇨〈What(a[an])+形容詞+名詞+主語+動詞!〉の形!
省略することもある

練習問題

これだけチェック！　●〈How＋形容詞[副詞]!〉，〈What (a[an])＋形容詞＋名詞!〉は「なんて～でしょう！」！

➡答えは別冊 p.9

1

□に，How，What のうち適する語を書きましょう。

(1) なんて親切なのでしょう！

□ kind!

(2) なんて大きな家なのでしょう！

□ a big house!

(3) なんておいしいのでしょう！

□ delicious!

(4) なんてすてきなかばんなのでしょう！

□ a nice bag!

2

〔　〕内の語を並べかえて，英文を作りましょう。

(1) あの男の人はなんて速く走るのでしょう！

〔 that / fast / runs / how / man 〕!

____

〈How＋副詞〉に〈主語＋動詞〉が続いている。

(2) なんて古いカメラなのでしょう！

〔 camera / an / what / old 〕!

____

old は母音で始まるので，an を使う。

ABC

英語で書きましょう。

(1) あの山を見て！　なんて美しいのでしょう！　美しい：beautiful

Look at that mountain! ____________________

(2) なんて歌がうまい人なのでしょう！　歌がうまい人：a good singer

What ______________________________ !

まとめのテスト

勉強した日　　月　　日　得点　　／100点

➡答えは別冊 p.10

1 次の日本文にあうように，[　]から動詞を選び，必要なら適する形にかえて[　]に書きなさい。

2点×4(8点)

(1) あなたのお兄さんは忙しそうに見えます。　忙しい：busy

Your brother [　　] busy.

(2) 私たちは彼女に本をあげました。

We [　　] her a book.

(3) 私の友人は私をミキと呼びます。

My friends [　　] me Miki.

(4) その知らせは私たちを悲しませました。　悲しい：sad

The news [　　] us sad.

call
give
look
make

2 次の日本文にあうように，[　]に適する語を書きなさい。

4点×6(24点)

(1) 彼らの計画はおもしろそうに聞こえます。　計画：plan　おもしろい：interesting

Their plan [　　] interesting.

(2) あなたは彼女がだれか知っていますか。

Do you know who [　　] [　　]?

(3) トムは私たちにとても疲れていると言いました。　疲れている：tired

Tom told us [　　] he was very tired.

(4) 私にあなたが昨日何をしたのか教えてください。

Please tell me what [　　] [　　] yesterday.

(5) なんて寒いのでしょう！　寒い：cold

[　　] cold!

(6) なんて美しい花なのでしょう！　美しい：beautiful

[　　] a beautiful flower!

こまったときのヒント

1 (1)〈look＋形容詞〉で「〜に見える」。(2)〈give＋人＋もの〉で「(人)に(もの)をあげる」。(3)〈call＋A＋B〉で「AをBと呼ぶ」。(4)〈make＋A＋B〉で「AをB(の状態)にする」。

2 (1)〈sound＋形容詞〉で「〜に聞こえる」。(2)間接疑問(文)なので，〈疑問詞＋主語＋動詞〉の順にする。(3)〈tell＋人＋that 〜〉で「…に〜と言う」。(4) tell me のあとに間接疑問(文)が続く。(5)(6)〈How＋形容詞[副詞]!〉，〈What a[an]＋形容詞＋名詞!〉で「なんて〜でしょう！」。

3 〔 〕内の語句を並べかえて，英文を書きなさい。 7点×4(28点)

(1) 私は彼に私のアルバムを見せました。 album：アルバム show：見せる

I〔 my / him / album / showed 〕.

I ______________________ .

(2) 私たちはマイクがいつ日本に来るのか知りません。

We don't know〔 Mike / will / when / come 〕to Japan.

We don't know ______________________ to Japan.

(3) 残念ながらもう行かなければいけないと思います。 have to ～：～しなければならない

I'm〔 go / I / afraid / have to 〕now.

I'm ______________________ now.

(4) 駅はどこか私に教えてくださいますか。

Would you tell〔 is / me / where / the station 〕?

Would you tell ______________________ ?

ABC 次の日本文を英語にしなさい。 10点×4(40点)

(1) あなたはこの鳥を英語で何と言いますか。 鳥：bird 英語で：in English

____

(2) この歌は人々を幸せにします。 歌：song 人々：people 幸せな：happy

____

(3) あなたはユキ(Yuki)がどこに住んでいるか知っていますか。

____

(4) リサ(Lisa)は私に日本はよい国だといつも言います。 よい国：a good country

____

3 (1)〈show＋人＋もの〉で「(人)に(もの)を見せる」。(2)間接疑問(文)の形にする。(3) be afraid (that) ～で「残念ながら～と思う」。

(1)〈call＋A＋B〉「AをBと呼ぶ」を使った疑問文。(2)〈make＋A＋B〉の文。A＝人々を，B＝幸せな。(3)「ユキがどこに住んでいるか」の部分を間接疑問(文)にする。(4)〈tell＋人＋that ～〉「…に～と言う」を使う。always「いつも」は一般動詞の前に置く。

リスニング問題にチャレンジ

➡答えは別冊 p.10

1　(1)〜(3)の絵について，それぞれア〜ウの英文を聞き，絵の内容をもっとも適切に表しているものを１つ選び，その記号を書きなさい。　♪34

(1)　(　　　)　　(2)　(　　　)　　(3)　(　　　)

2　対話を聞き，その内容にあう絵をア〜ウから１つ選び，記号を書きなさい。

(1)

ア

イ

ウ

(　　　)

(2)

ア

イ

ウ

(　　　)

(3)

ア

イ

ウ

(　　　)

名詞を修飾する語句

日本語では，「大きな木」のように，修飾語を名詞の前に置いて表しますね。

でも，英語では，a boy playing baseball(野球をしている少年)のように，修飾語を名詞のあとに置くことがあります。

日本語にはない英語の修飾のパターンをしっかり身につけましょう。

～している…

テニスをしている男の子たち

boys playing tennis

～された…

ドイツで作られた車

a car made in Germany

28 後ろから名詞を修飾する語句

前置詞句

「きれいな花」「机の上のかばん」のように，日本語は必ず前から名詞を修飾するね。英語の場合はどうかな？

英語には，a beautiful flower（美しい花）のように，名詞を前から修飾するパターンだけではなく，後ろから修飾するパターンがあります。

たとえば，the bag **on the desk** のような形です。前置詞 on を使ったまとまった意味をもつ語句（**前置詞＋語句**）が，前の名詞の the bag を**後ろから修飾**します。

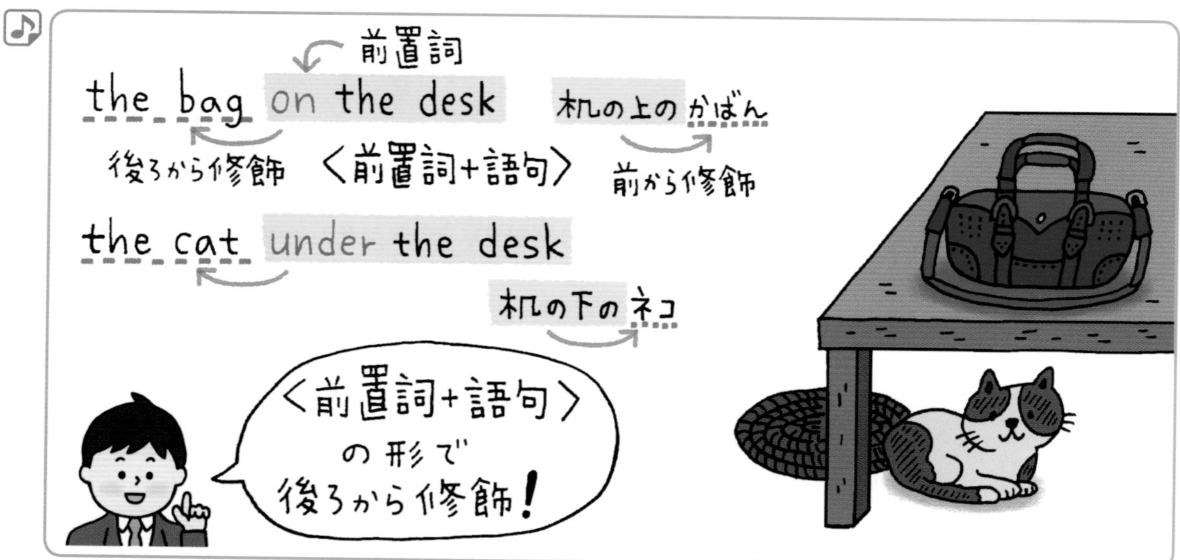

次に，名詞を後ろから修飾する〈前置詞＋語句〉の形がどのように文中で使われるのか，みてみましょう。文の最後，文の途中，どちらにも置くことができますよ。

練習問題

これだけチェック！ ●〈前置詞＋語句〉の形で前の名詞を修飾する！

➡答えは別冊 p.11

1 ［　］に適する語を書きましょう。

(1) 私は祖母からの手紙を受け取りました。
I received a ［　　］(手紙) ［　　］(～からの) my grandmother.

(2) あなたは長い髪のあの女の子を知っていますか。
Do you know that ［　　］(女の子) ［　　］(～を持って) long hair?

(3) 机の上のペンはクミのものです。
The ［　　］(ペン) ［　　］(～の上の) the desk is Kumi's.

(4) テーブルの下のネコはクロです。
The ［　　］(ネコ) ［　　］(～の下の) the table is Kuro.

2 〔　〕内の語句を並べかえて，英文を作りましょう。

(1) 私は科学についての本を読みました。　科学：science　～について：about
I〔 about / a book / read 〕science.

I ______________________ science.

(2) テーブルのそばのラケットは私のものです。　ラケット：racket　私のもの：mine
〔 the table / the racket / is / by 〕mine.

______________________ mine.

(3) これはあなたの学校の写真です。
This〔 a picture / is / your school / of 〕.

This ______________________ .

(4) 先週，カナダにいる友人が日本に来ました。　先週：last week
〔 came to / a friend / Japan / in Canada 〕last week.

______________________ last week.

「カナダの友人」が主語。

29 「～している…」の文

現在分詞の修飾

今回は，後ろから名詞を修飾するパターンのうち，「～している…」の形を習います。

「～している…」は〈動詞の ing 形＋語句〉の形を使って表します。動詞の ing 形は，現在進行形（〈be 動詞（am，are，is）＋動詞の ing 形〉）でも使いましたね。

たとえば，「テニスをしている男の子」は the boy **playing tennis** と表します。playing tennis が the boy を後ろから修飾します。この動詞の ing 形を**現在分詞**（げんざいぶんし）といいますよ。

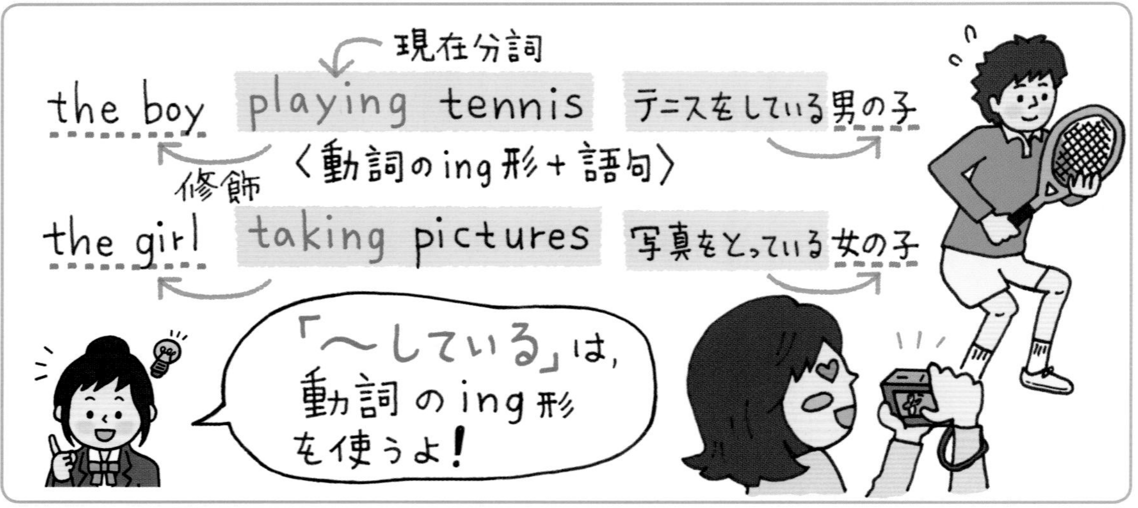

現在分詞
the boy playing tennis　テニスをしている男の子
〈動詞のing形＋語句〉
修飾
the girl taking pictures　写真をとっている女の子
「～している」は，動詞のing形を使うよ！

動詞の ing 形の作り方
・大部分の語はそのまま ing（play → playing）。
・e で終わる語は e をとって ing（use → using）。
・最後の文字を重ねて ing（run → running）。

〈動詞の ing 形＋語句〉の形は，文の終わりにも，文の途中にもきます。主語を修飾するときは，どこまでが主語で，どこからが動詞なのかを読み取ることが大事です。

Look at the boy running over there.　向こうで走っている男の子を見て。
修飾　〈動詞のing形＋語句〉

The girl reading a book is Ann.　本を読んでいる女の子はアンです。
ここまでが主語！

英語の修飾パターン ② ➡ 〈現在分詞（動詞のing形）＋語句〉が後ろから名詞を修飾！

練習問題

これだけチェック！ ●「〜している…」は名詞のあとに〈動詞のing形＋語(句)〉の形を続ける！

➡答えは別冊 p.11

1 (　)内の語が入る位置をア〜ウから選び，記号を○で囲みましょう。

(1) We know ア the イ man ウ tennis. (playing)

(2) I talked to ア the man イ at ウ the picture. (looking)　talk to 〜：〜に話しかける

(3) The woman ア English イ is Ms. Suzuki ウ . (speaking)

(4) Who is ア the イ girl ウ on the stage? (standing)　stage：ステージ，舞台

2 (　)内の動詞を使って，□に適する語を書きましょう。

(1) ケンには大阪に住んでいる兄がいます。 (live)
Ken has a □ □ in Osaka.

(2) テレビを見ている女性は私のおばです。 (watch)　おば：aunt
The □ □ TV is my aunt.

(3) 向こうで走っている男の子はサムです。 (run)　向こうで：over there
The □ □ over there is Sam.

(4) あの木の下ですわっている女の子を見てください。 (sit)
Look at the □ □ under that tree.

ABC (　)内の動詞を使って，英語で書きましょう。

(1) プールで泳いでいるその女の子はミキです。 (swim)　プールで：in the pool
________________________________ is Miki.
「プールで泳いでいるその女の子」が主語。

(2) あなたは手紙を書いている女の子を知っていますか。 (write)　手紙：a letter
Do you know ________________________________?

30「～された…」の文

過去分詞の修飾

３つめの修飾のパターンは「～された…」の形です。考え方は「～している…」と同じです。異なるのは，名詞を修飾する動詞の形だけです。

「～された…」を表すときは，**過去分詞**を使います。過去分詞は，受け身の文(p.6，8)でも使いましたね。

たとえば，「中国語で書かれた手紙」は，a letter **written in Chinese** と表します。written in Chinese が a letter を後ろから修飾します。現在分詞(動詞の ing 形)と同じですね。

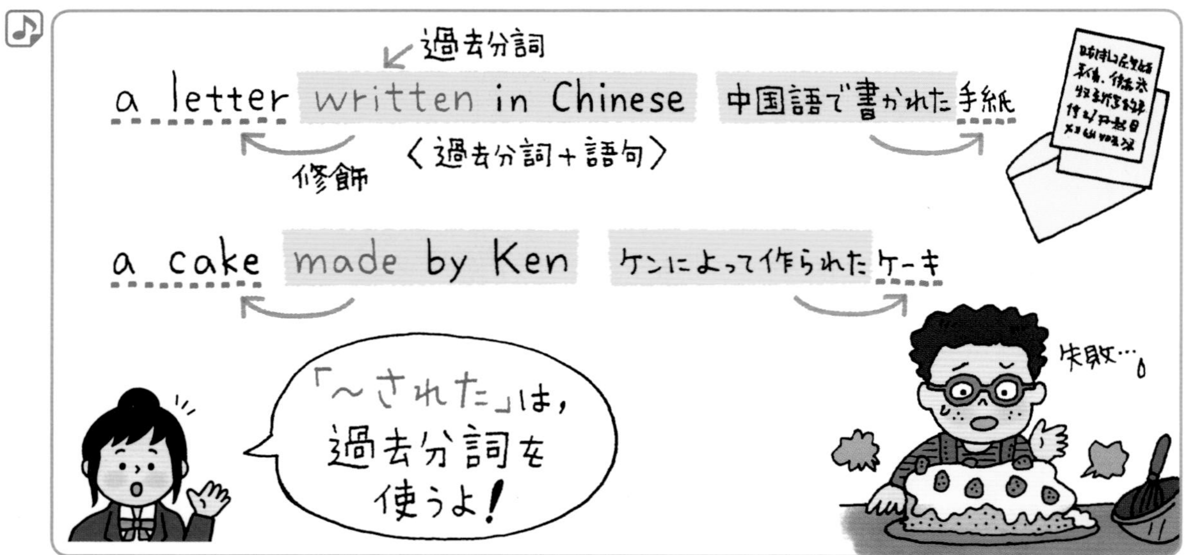

過去分詞
a letter written in Chinese
中国語で書かれた手紙
〈過去分詞＋語句〉
修飾
a cake made by Ken
ケンによって作られたケーキ
「～された」は，過去分詞を使うよ！
失敗…。

〈過去分詞＋語句〉の形も，文の終わりにも，文の途中にもきます。英語の「後ろから修飾する」パターンに慣れましょう。

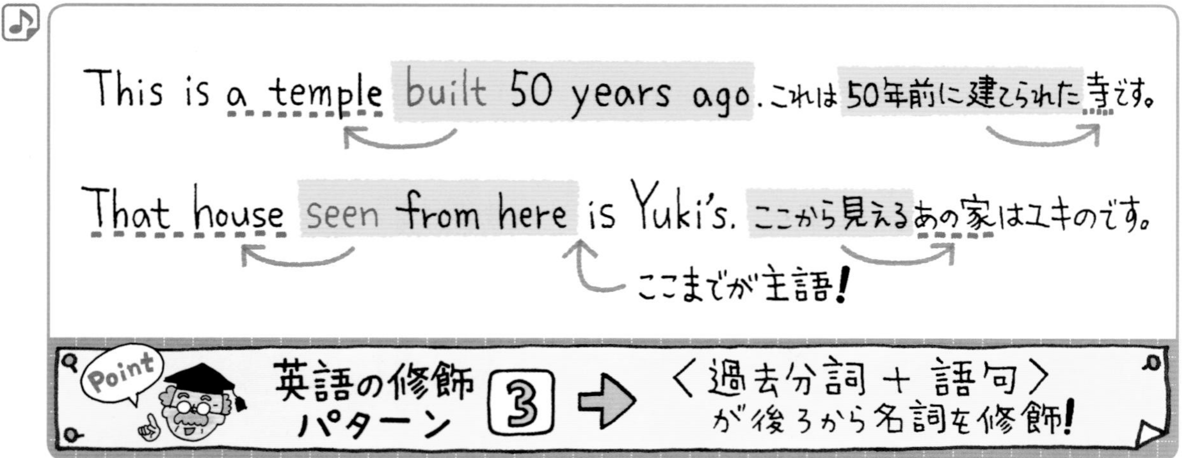

This is a temple built 50 years ago. これは50年前に建てられた寺です。
That house seen from here is Yuki's. ここから見えるあの家はユキのです。
ここまでが主語！
Point
英語の修飾パターン ③ → 〈過去分詞 ＋ 語句〉が後ろから名詞を修飾！

練習問題

これだけチェック！ ●「～された…」は名詞のあとに〈過去分詞＋語(句)〉の形を続ける！

➡答えは別冊 p.11

1 (　)内の語が入る位置をア～ウから選び，記号を○で囲みましょう。

(1) Yokohama is ア a city イ by ウ a lot of people. (visited)
多くの人々

(2) This is ア a イ computer ウ in many countries. (used)

(3) The building ア from イ here is ウ the library. (seen)
建物　図書館

(4) The cake ア at that shop イ is ウ very popular. (sold)
人気がある

2 (　)内の動詞を使って，☐に適する語を書きましょう。

(1) アキによって料理された夕食はおいしかったです。 (cook) 夕食：dinner
The ☐ ☐ by Aki was delicious.
おいしい

(2) 私は京都でとられた何枚かの写真を見ました。 (take) 写真：picture
I saw some ☐ ☐ in Kyoto.

(3) ケンはアメリカ製の腕時計を持っています。 (make) アメリカ：America
Ken has a ☐ ☐ in America.

(4) あなたの国で話されている言語は何ですか。 (speak) 言語：language
What is the ☐ ☐ in your country?

ABC (　)内の動詞を使って，英語で書きましょう。

(1) これは子どもたちに好かれている歌です。 (like) 子どもたち：children (child の複数形)

This is ＿＿＿＿＿＿＿＿＿＿＿＿＿＿＿＿＿＿＿＿.

(2) 英語で書かれたその本はおもしろかったです。 (write) 英語で：in English

＿＿＿＿＿＿＿＿＿＿＿＿＿＿＿＿＿＿＿＿ was interesting.

「英語で書かれたその本」が主語。

31 「～が…するー」の文

〈主語＋動詞〉の修飾

最後の修飾パターンは，「～が…するー」のような少し長い修飾の形です。

たとえば，「私が毎日使う自転車」は the bike **I use every day** と表します。the bike を I use every day が修飾していますね。このように，〈主語＋動詞〉の文の形が，後ろから名詞を修飾することもあります。

名詞のあとに〈主語＋動詞〉の文が続く形も，文の最後にも，途中にもきます。文の途中にくる場合は，どれが修飾する文で，どこまでが主語なのかに気をつけましょう。

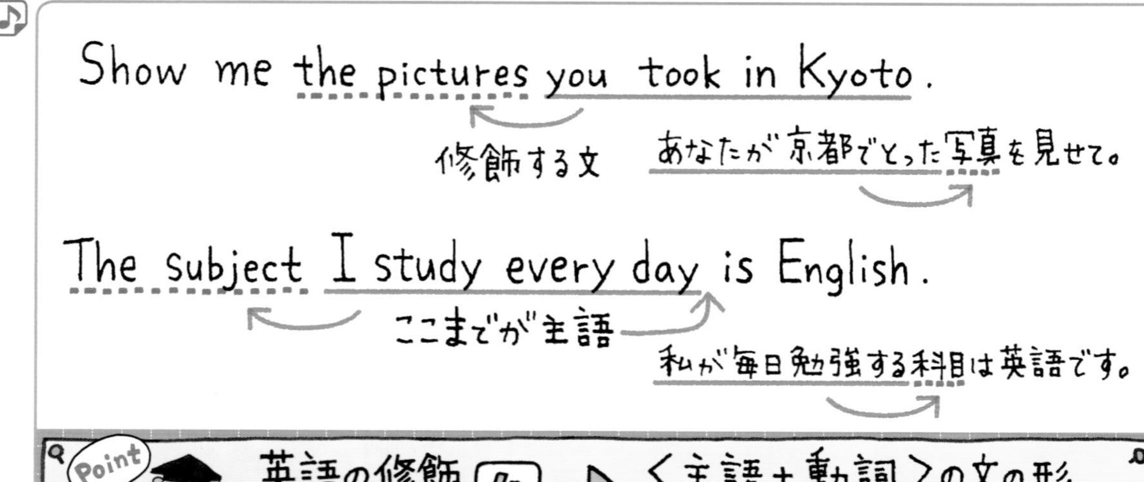

Show me the pictures you took in Kyoto.
修飾する文
あなたが京都でとった写真を見せて。
The subject I study every day is English.
ここまでが主語
私が毎日勉強する科目は英語です。

Point 英語の修飾パターン 4 ➡ 〈主語＋動詞〉の文の形で後ろから名詞を修飾！

これだけチェック!
●「〜が…する一」は〈名詞＋主語＋動詞〉の形で表す！

➡答えは別冊 p.11

1 [　　]に適する語を書きましょう。

(1) これは私が今日作ったケーキです。
This is a cake [　　　] [　　　] today.
私が　〜を作った

(2) 山田先生は私たちがよく知っている科学者です。　科学者：scientist
Ms. Yamada is a scientist [　　　] [　　　] well.
私たちが　〜を知っている

(3) 彼らが好きなスポーツはサッカーです。
The sport [　　　] [　　　] is soccer.
彼らが　〜が好き

(4) あなたが昨日助けた女の子は私の妹です。
The girl [　　　] [　　　] yesterday is my sister.
あなたが　〜を助けた

2 〔　〕内の語句を並べかえて，英文を作りましょう。

(1) 私は兄が私にくれた自転車を使っています。
I use 〔 gave / the bike / me / my brother 〕.　gave：give の過去形

I use ________________________________ .

(2) 彼らが昨日会った男の子はジムです。
〔 yesterday / they / the boy / met 〕 is Jim.　met：meet の過去形

________________________________ is Jim.

(3) エミのお姉さんが教える教科は数学です。
〔 teaches / Emi's sister / is / the subject 〕 math.　subject：教科　math：数学

________________________________ math.

(4) あなたは先週タクが電話をした女の子を知っていますか。
〔 you / called / do / the girl / know / Taku 〕 last week?

________________________________ last week?

32 名詞を修飾する語句のまとめ

40

名詞を修飾するとき，〈前置詞＋語句〉や過去分詞など，さまざまな形を使いますね。それらに共通するのは，原則，「名詞の直後に置く」ということです。

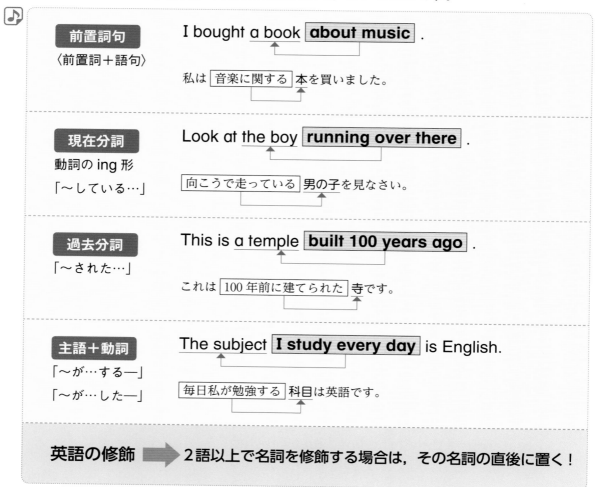

前置詞句
〈前置詞＋語句〉

I bought a book **about music** .

私は 音楽に関する 本を買いました。

現在分詞
動詞の ing 形
「～している…」

Look at the boy **running over there** .

向こうで走っている 男の子を見なさい。

過去分詞
「～された…」

This is a temple **built 100 years ago** .

これは 100 年前に建てられた 寺です。

主語＋動詞
「～が…する―」
「～が…した―」

The subject **I study every day** is English.

毎日私が勉強する 科目は英語です。

英語の修飾 ➡ 2語以上で名詞を修飾する場合は，その名詞の直後に置く！

現在分詞，過去分詞については，その使い分けに注意しましょう。

Look at the man taking a picture .
写真をとっている男性
「～している…」
⇒現在分詞（動詞の ing 形）
Look at the picture taken by Tom .
トムによってとられた写真
「～された…」
⇒過去分詞

また，現在分詞，過去分詞が 1 語で名詞を修飾するときは，名詞の前に置くことにも注意しましょう。a **running** boy（走っている男の子），a **broken** window（壊れた窓）

練習問題

これだけチェック！ ●〈前置詞＋語句〉，現在分詞，過去分詞，〈主語＋動詞〉が後ろから名詞を修飾！

➡答えは別冊 p.11

1 (　)内から適する語を選び，□に書きましょう。

(1) これは美術についての本です。

This is a book □ art.　(in, at, about)

(2) 私は母によって書かれた手紙を見つけました。

I found a letter □ by my mother.　(wrote, writing, written)

(3) 向こうで写真をとっている女の子はエミです。　向こうで：over there

The girl □ pictures over there is Emi.　(takes, taking, took)

2 〔　〕内の語句を並べかえて，英文を作りましょう。

(1) あなたが昨日買ったかばんを見せてください。　bought：buy の過去形

Please show me 〔 you / the bag / yesterday / bought 〕.

Please show me ______________________________.

(2) あなたは英語を話しているあの女の子を知っていますか。

Do you 〔 speaking / that girl / know / English 〕?

Do you ______________________________?

(3) ドイツで作られた車は人気があります。　ドイツ：Germany　人気がある：popular

〔 in / the cars / Germany / made 〕 are popular.

______________________________ are popular.

ABC (　)内の動詞を使って，英語で書きましょう。

(1) その泣いている男の子はケンです。　(cry)　泣く：cry

______________________________ Ken.

(2) 私たちが先週見た映画はおもしろかった。　(see)　先週：last week

The movie ______________________________ was interesting.

まとめのテスト

勉強した日 月 日 | 得点 ／100点

➡答えは別冊 p.12

1 (　)内の語句を入れるのに最も適切な位置を選び，◯で囲みなさい。 2点×4(8点)

(1) 壁にかかっている絵は美しい。 壁：wall　絵：picture　美しい：beautiful

The ア picture イ is ウ beautiful エ .　(on the wall)

(2) あなたは公園をそうじしている女の子たちを知っていますか。 そうじする：clean

Do ア you イ know ウ the girls エ ?　(cleaning the park)

(3) グリーン先生によって書かれた本はおもしろい。 おもしろい：interesting

The ア book イ is ウ interesting エ .　(written by Ms. Green)

(4) ここから見えるあの山は富士山です。 ここ：here　山：mountain

That ア mountain イ is ウ Mt. Fuji エ .　(seen from here)

2 次の日本文の意味を表すように，[　　]に適する語を書きなさい。 6点×5(30点)

(1) いすの下にあるバッグは彼女のものです。 いす：chair　彼女のもの：hers

The bag [　　] the chair [　　] hers.

(2) 新聞を読んでいる男性はブラウン先生です。 新聞：newspaper

The [　　] [　　] a newspaper is Mr. Brown.

(3) シロは彼女たちから愛されている犬です。

Shiro is a [　　] [　　] by them.

(4) これは古本です。

This is a [　　] [　　].

(5) 彼女が私にくれたりんごはとても大きかった。 与える：give

The apple [　　] [　　] to me was very big.

1 修飾される名詞のすぐ後ろに修飾する語句を置く。(1)は「絵」，(2)は「女の子たち」，(3)は「本」，(4)は「山」が修飾される名詞。

2 (1) The bag ～ chair までが主語，２つめの空所には動詞が入る。(2)「読んでいる」は現在分詞を使う。(3)「愛されている」は受け身の形なので過去分詞を使う。(4)「古本」は「使われた本」と考える。過去分詞が１語で名詞を修飾する形。(5) apple のあとに「彼女がくれた」を置く。

3 〔 〕内の語句を並べかえて，英文を書きなさい。 8点×4(32点)

(1) 丘の上の病院を見てください。

Look〔 the hill / the hospital / at / on 〕. hill：丘 hospital：病院

Look ＿＿＿＿＿＿＿＿＿＿＿＿＿＿＿＿＿＿＿＿.

(2) 私にはイギリスで働いている兄がいます。

〔 working / I / a brother / in / have 〕the U.K.. the U.K.：イギリス

＿＿＿＿＿＿＿＿＿＿＿＿＿＿＿＿＿＿＿＿ the U.K..

(3) 私の父は日本製の車をほしがっています。

〔 wants / in / my father / made / a car 〕Japan. made：make の過去分詞

＿＿＿＿＿＿＿＿＿＿＿＿＿＿＿＿＿＿＿＿ Japan.

(4) 私たちがこの前の日曜日に会った女の子はとても背が高かったです。

〔 last Sunday / the girl / met / was / we 〕very tall. met：meet の過去形 tall：背が高い

＿＿＿＿＿＿＿＿＿＿＿＿＿＿＿＿＿＿＿＿ very tall.

ABC 次の日本文を英語にしなさい。 10点×3(30点)

(1) 公園を走っているあの女性は私のおばです。 公園：park 走る：run おば：aunt

＿＿＿＿＿＿＿＿＿＿＿＿＿＿＿＿＿＿＿＿

(2) あれは60年前に建てられた建物です。 建てる：build 建物：building

＿＿＿＿＿＿＿＿＿＿＿＿＿＿＿＿＿＿＿＿ 60 years ago.

(3) 彼が料理した夕食はとてもおいしかったです。 料理する：cook とてもおいしい：delicious

＿＿＿＿＿＿＿＿＿＿＿＿＿＿＿＿＿＿＿＿

3 (1)は「丘の上の」が「病院」を，(2)は「イギリスで働いている」が「兄」を，(3)は「日本製の」が「車」を，(4)は「私たちが～会った」が「女の子」を修飾している。

(1)最初に「あの女性は私のおばです」を考えて，「女性」のあとに「公園を走っている」を置く。(2)「建てられた」が「建物」を修飾する。「建てられた」は受け身の形。(3)「夕食」のあとに「彼が料理した」を置く。〈名詞＋主語＋動詞〉の順になる。

リスニング問題にチャレンジ

➡答えは別冊 p.12

1 絵は公園の様子を表しています。(1)〜(3)の質問を聞き，その人はだれか，人物の名前を英語で書きなさい。 41

(1)（　　　　　） (2)（　　　　　） (3)（　　　　　）

2 英文を聞き，その内容にあう絵をア〜カから１つ選び，記号を書きなさい。 42

(1)（　　） (2)（　　） (3)（　　） (4)（　　） (5)（　　）

ア

イ

ウ

エ

オ

カ

関係代名詞

後ろから名詞を修飾する形はすでに習ったね。ここで初めて習う関係代名詞も同じ働きをします。関係代名詞は修飾する部分の始まりを示す目印のような役割です。

中学で習う関係代名詞には who，which，that の３つがあります。それぞれの働きをしっかり理解しましょう。

関係代名詞 who

中国語を話す友人

a friend who speaks Chinese

関係代名詞 that

私が昨日買った自転車

a bike that I bought yesterday

33 「人」を後ろから説明する文

主格の関係代名詞 who 

名詞を後ろから修飾する形はすでに習ったね。関係代名詞も，名詞に説明を加えるときに，後ろから修飾する点では同じだよ。

まず，「人」に説明を加える文をみてみましょう。

たとえば，「私にはテニスを上手にする友人がいます」という文を英語で表すと，I have a friend **who** plays tennis well. となります。

a friend と plays tennis well をつなぐ **who** を**関係代名詞**といい，修飾される a friend を**「先行詞」**といいます。先行詞が**「人」**のときに関係代名詞は **who** を使います。

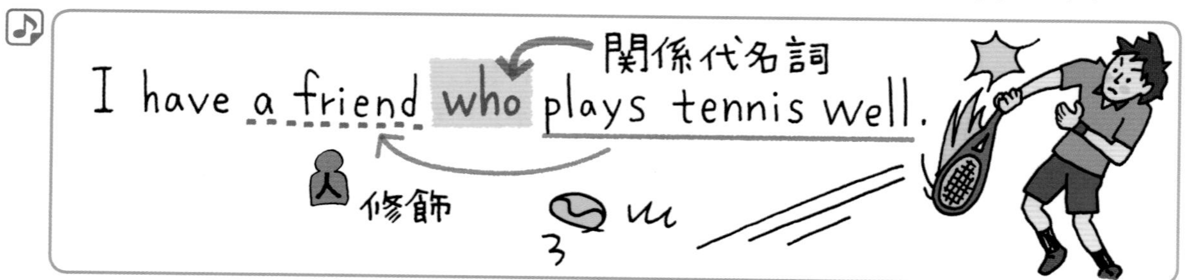

関係代名詞 who の働きをくわしくみてみましょう。

上の文は，I have a friend. と He plays tennis well. の２つの文が１つの文になったものです。who のあとに動詞が続いていますね。who は**主語になる代名詞の働き**をしています。この who を**主格**の関係代名詞といいます。

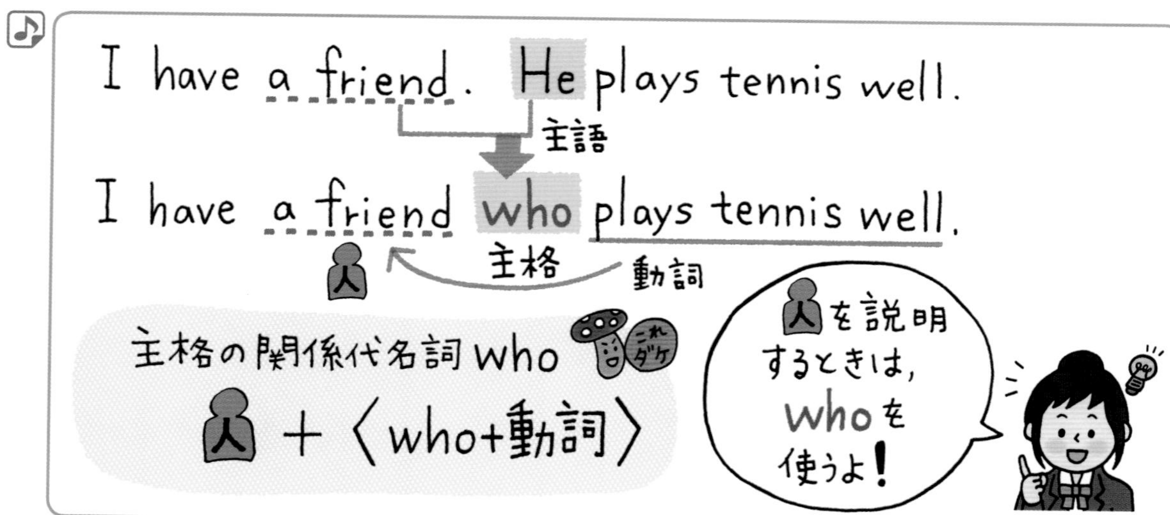

who のあとの動詞の形は，先行詞の人称や数に合わせます。
（例）I know the girl who speaks Chinese well.（私は中国語を上手に話すその女の子を知っています。）
３人称・単数・現在　　s を忘れない！

練習問題

これだけチェック!
●「人」を説明する主格の関係代名詞は，〈人＋ who ＋動詞～〉の形！

➡答えは別冊 p.12

1 (　)内の動詞を使って，[　　]に適する語を書きましょう。

(1) 私には卓球が好きな弟がいます。　(like)　卓球：table tennis

I have a brother [　　] [　　] table tennis.

(2) マイクはシドニーから来た学生です。　(come)　～から来る：come from ～

Mike is a student [　　] [　　] from Sydney.

(3) あなたはこの本を書いた女性を知っていますか。　(write)

Do you know the woman [　　] [　　] this book?

(4) 中国語を話すことができる女の子はエミです。　(speak)　中国語：Chinese

The girl [　　] [　　] [　　] Chinese is Emi.

2 〔　〕内の語句を並べかえて，英文を作りましょう。

(1) ピアノをひいている女の子はユキです。

The girl〔 the piano / playing / who / is 〕is Yuki.

The girl ______________________________ is Yuki.

(2) 伊藤先生は私たちに数学を教えている先生です。　数学：math

Mr. Ito is a〔 us / teaches / teacher / who 〕math.

Mr. Ito is a ______________________________ math.

関係代名詞 who を使って，英語で書きましょう。

(1) 彼女にはカナダに住んでいるおじさんがいます。　おじ：an uncle

She has ______________________________ in Canada.

(2) あの車を洗った男の子はケンです。　あの車：that car　洗う：wash

The boy ______________________________ Ken.

34「もの」を後ろから説明する文

主格の関係代名詞 which

次は「もの」を後ろから説明する文をみてみましょう。

たとえば，「これは昨日開店した店です」という文を英語で表すと，This is a store which opened yesterday. となります。

opened yesterday が a store を修飾していますね。この２つをつなぐのが，which です。which は先行詞が「もの」のときに使う関係代名詞です。

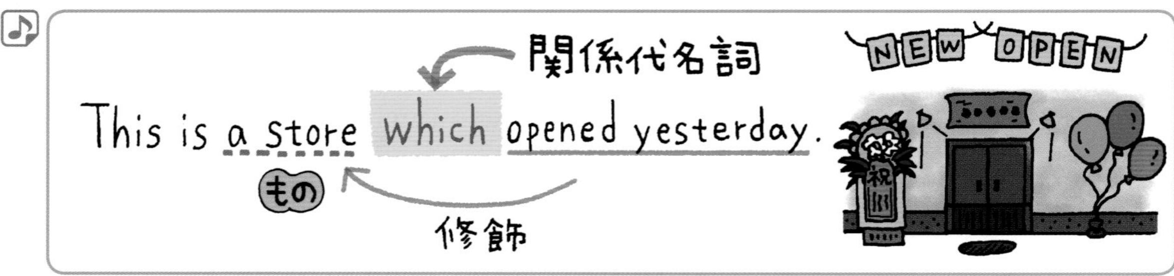

ここでの関係代名詞 which の働きは who と同じです（主格の関係代名詞）。who と同様，主語になる代名詞の働きをしています。

who と which の違いは，修飾される名詞が「人」か「もの」かです。

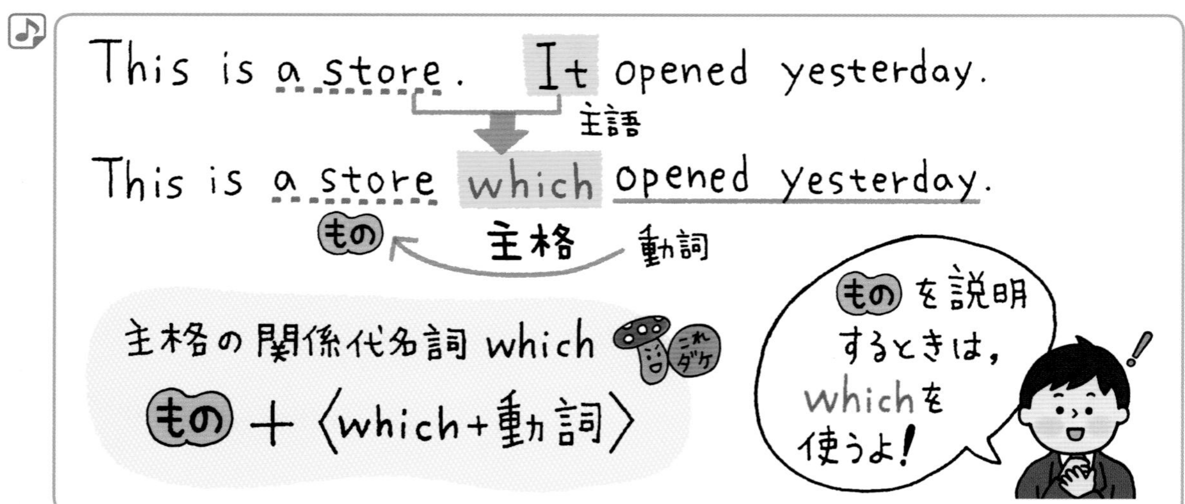

関係代名詞に修飾される語が文の主語になることがあります。どこまでが主語なのか，そして動詞はどれかを見極めることが大切ですよ。

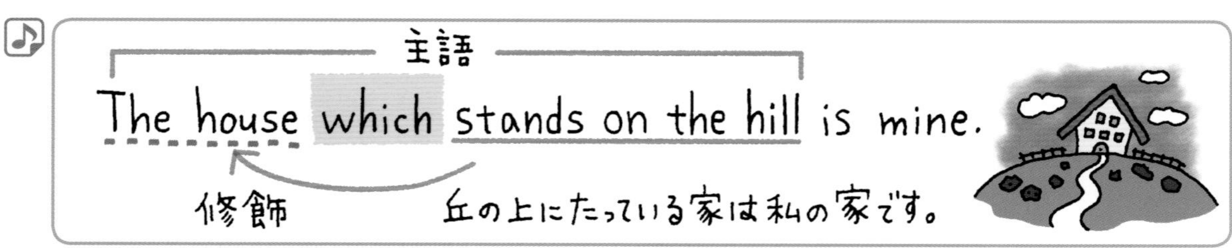

練習問題

これだけチェック！ ●「もの」を説明する主格の関係代名詞は，〈もの＋ which ＋動詞〜〉！

➡答えは別冊 p.12

1 who または which のうち適する関係代名詞を[　　]に書きましょう。

(1) あなたはアメリカで作られた腕時計を持っていますか。　腕時計：watch

Do you have a watch [　　　　] was made in America?

(2) 彼は若い人たちの間で人気のある歌を歌います。　〜の間で：among　人気のある：popular

He sings a song [　　　　] is popular among young people.

(3) 山田先生は大阪に住んでいる獣医です。　獣医：vet

Mr. Yamada is a vet [　　　　] lives in Osaka.

2 (　)内の動詞を使って，[　　]に適する語を書きましょう。

(1) 私は６時に出発するバスに乗るつもりです。　(leave)　出発する：leave　乗る：take

I'll take the bus [　　　　] [　　　　] at six.

(2) 丘の上に立っている家はミキの家です。　(stand)　丘：hill

The house [　　　　] [　　　　] on the hill is Miki's.

(3) 京都は多くの寺がある市です。　(have)　多くの：a lot of　寺：temples

Kyoto is a city [　　　　] [　　　　] a lot of temples.

(4) これは子どもたちを楽しませた本です。　(make)

This is a book [　　　　] [　　　　] children happy.

〈make ＋人＋形容詞〉で「〜を…(の状態)にする」。

ABC 関係代名詞 which と(　)内の動詞を使って，英語で書きましょう。

(1) あれは大阪に行く電車です。　(go)　〜に行く：go to 〜　電車：a train

That is ________________________________ Osaka.

(2) 私は古本を売っているお店を知っています。　(sell)　古本：used books　店：a shop

I know ________________________________ .

35 「人」「もの」を後ろから説明する文①

主格の関係代名詞 that

45

関係代名詞の who と which は理解できたかな？　ここでは，3つめの関係代名詞 that を習うよ。who や which との違いをおさえようね。

先行詞が「人」のときに使う関係代名詞は **who**，「もの」のときは **which** でしたね。「人」「もの」のどちらにも使えるのが，関係代名詞 **that** です。

that の働きは，who や which と同じです（**主格**の関係代名詞）。主語になる代名詞の働きをし，**〈that ＋動詞〉**の形で「人」「もの」を後ろから説明します。

関係代名詞　whoも使える

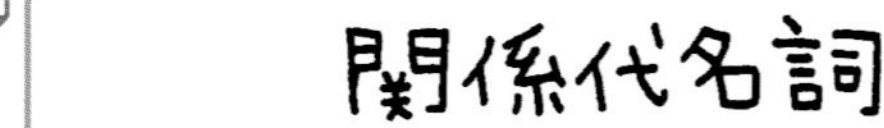
Mr. Mori is a teacher that teaches music.

人

修飾

森先生は音楽を教える先生です。

whichも使える

That is the plane that goes to Sydney.

もの

あれはシドニーに行く飛行機です。

これダケ

主格の関係代名詞 that

人 もの ＋〈that＋動詞〉

Sydney

中学校で習う関係代名詞は who, which，that の3つです。これまでに習った使い方を下の表で確認しましょう。先行詞によって使い分けることがポイントですよ。

覚えよう！

関係代名詞	先行詞	文中での形
who	人	〈人 ＋ who ＋ 動詞 ～〉
which	もの	〈もの ＋ which ＋ 動詞 ～〉
that	人・もの	〈人・もの ＋ that ＋ 動詞 ～〉

練習問題

これだけチェック！ ●主格の関係代名詞 who, which のかわりに that を使うことができる！

➡答えは別冊 p.13

1 関係代名詞 that と(　)内の動詞を使って，□に適する語を書きましょう。

(1) ユキにはニュージーランドに住んでいるお兄さんがいます。 (live) ニュージーランド：New Zealand
Yuki has a brother □ □ in New Zealand.

(2) 私は公園をそうじした生徒たちを知っています。 (clean)
I know the students □ □ the park.

(3) 彼女はコンピューターを販売する店で働いています。 (sell) コンピューター：computer
She works in a shop □ □ computers.

2 日本語になおしましょう。

(1) The boy that visited me yesterday is Ken. visited：visit(訪れる)の過去形
(　　　　　　　　　　　　)はケンです。

(2) My father has a car that was made in America. made in ～：～製の
私の父は(　　　　　　　　　　　　)。

3 〔　〕内の語句を並べかえて，英文を作りましょう。

(1) ヒロはギターを上手にひく男の子です。
Hiro is 〔 that / the guitar / a boy / well / plays 〕.
Hiro is ________________________.

(2) ちょうど到着したばかりのバスをごらんなさい。 ちょうど：just
Look at 〔 just / that / arrived / the bus / has 〕.
Look at ________________________.
現在完了形〈have [has] ＋過去分詞〉を使う。

(3) ロンドンでとられたその写真は美しい。
〔 taken / the pictures / were / in London / that 〕 are beautiful.
________________________ are beautiful.

36 「人」「もの」を後ろから説明する文②

目的格の関係代名詞 that，which

関係代名詞には主語（主格の関係代名詞）以外の働きもあります。

「これは昨日私が書いた手紙です」を英語で表してみます。This is the letter that [which] I wrote yesterday. となります。これまでに習った文との違いがわかりますか。

関係代名詞 that のあとに，〈主語＋動詞〉の文の形が続く点が異なりますね。「もの」を修飾するので，関係代名詞には，that 以外に which も使えます（p.94）。

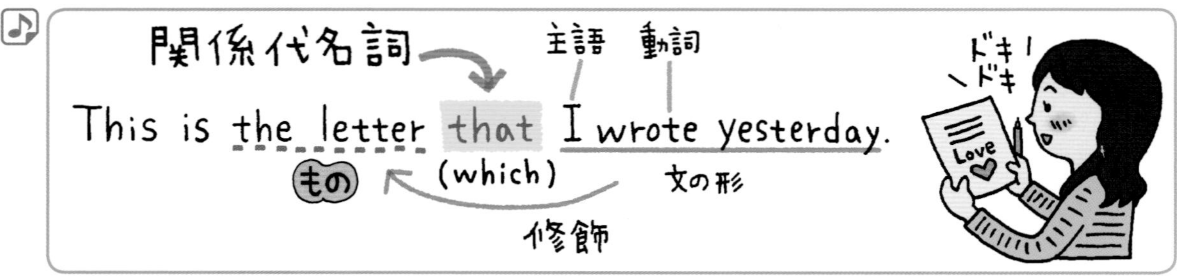

もう少しくわしくみてみましょう。上の文は，This is the letter. と I wrote it yesterday. の２つの文が１つの文になったものです。２つめの文の目的語 it の代わりを that がしていますね。このような役割をする関係代名詞を目的格（もくてきかく）といいます。

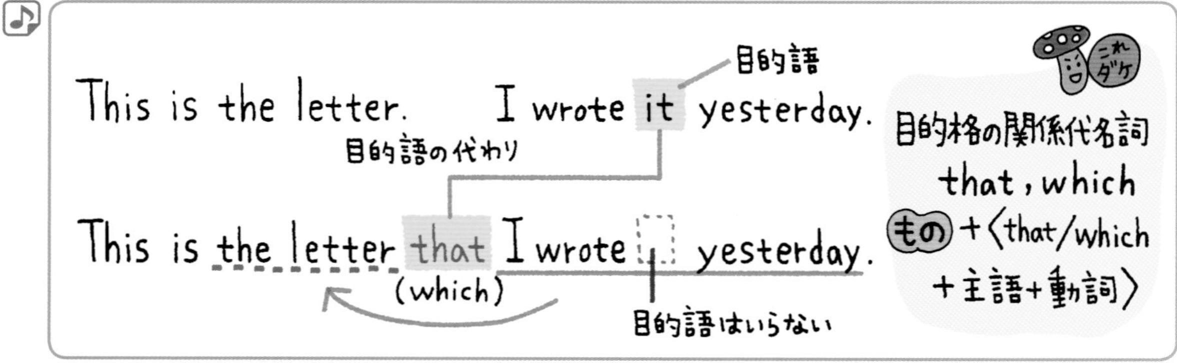

「人」に説明を加える場合も見てみましょう。「人」の場合は，関係代名詞は that を使います。

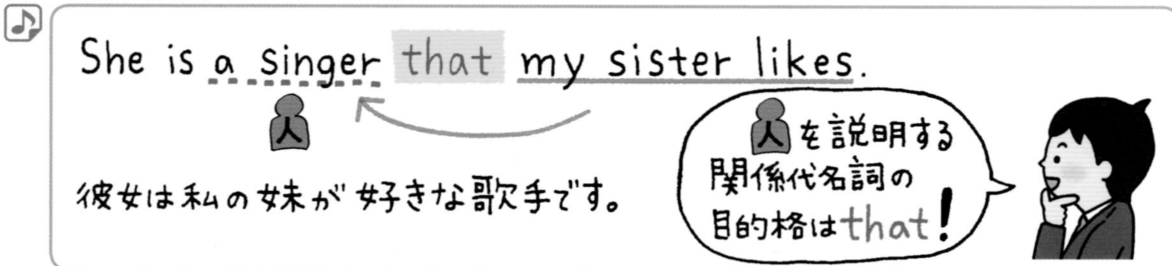

目的格の関係代名詞は省略できます。p.82 の〈名詞＋主語＋動詞〉の文と同じ形になります。
（例）This is the letter I wrote yesterday.　（これは私が昨日，書いた手紙です。）
　　 She is a singer my sister likes.　（彼女は私の妹が好きな歌手です。）

練習問題

これだけチェック！ ●目的格の関係代名詞は，「人」ではthat，「もの」ではwhich[that]！

➡答えは別冊 p.13

1 (　)内から適する関係代名詞を選び，○で囲みましょう。

(1) 佐藤さんは母がよく知っている看護師です。　看護師：nurse

Ms. Sato is a nurse (that / which) my mother knows well.

(2) カナダは私が昨年訪れた国です。　国：country

Canada is a country (who / which) I visited last year.

(3) 私たちが昨日会った女性は親切でした。　親切な：kind

The woman (which / that) we met yesterday was kind.
met：meetの過去形

2 ［　］に適する語を書きましょう。

(1) ヒロは私たちが好きな男の子です。

Hiro is a boy ［　］［　］ like.

(2) あなたが先週買ったバッグを見せてください。

Show me the bag ［　］［　］［　］ last week.

(3) これらは私が中国でとった写真です。　中国：China

These are the pictures ［　］［　］［　］ in China.

3 〔　〕内の語句を並べかえて，英文を作りましょう。

(1) 私が昨日見た映画はおもしろい。　映画：movie　おもしろい：interesting

The movie 〔 yesterday / saw / is / I 〕 interesting.

The movie ______________________________ interesting.

(2) ケンは今朝，私が助けた男性を知りません。　今朝：the morning

Ken doesn't know 〔 that / helped / I / the man 〕 this morning.

Ken doesn't know ______________________________ this morning.

37 関係代名詞のまとめ

♪47

最後に，これまでに習った関係代名詞をまとめておさらいしましょう。

みなさんが中学校で習う関係代名詞は，**who, which, that** の３つです。説明を加える名詞(**先行詞**)によって，この３つの関係代名詞を使い分けましたね。まずは，ここから復習しましょう。

先 行 詞	使用する関係代名詞
人	who または that
もの	which または that

※「もの」には「事がら」「動物」を含む。
※ that は「人」「もの」どちらにも使える。

次は，関係代名詞の２つの働きを確認しておきましょう。

まずは，**主語になる代名詞の働き**をする関係代名詞です。**主格の関係代名詞**といいましたね。名詞を**〈関係代名詞＋動詞～〉**の形で説明します。

「人」　I have a friend **who[that]** plays tennis well.
「人」←動詞
私にはテニスを上手にする友人がいます。

「もの」　This is a store **which[that]** sells delicious cakes.
「もの」←動詞
これはおいしいケーキを売っている店です。

もう１つは，**目的語になる代名詞の働き**をする関係代名詞です。**目的格の関係代名詞**といいましたね。名詞を**〈関係代名詞＋主語＋動詞～〉**の形で説明します。

目的格の関係代名詞は省略することができます。主格は省略できません。

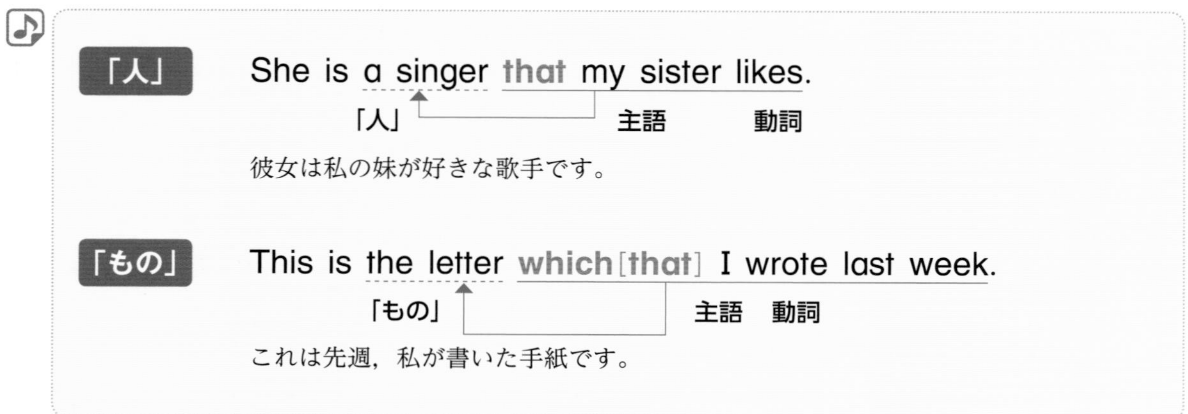
「人」　She is a singer **that** my sister likes.
「人」←　主語　動詞
彼女は私の妹が好きな歌手です。

「もの」　This is the letter **which[that]** I wrote last week.
「もの」←　主語　動詞
これは先週，私が書いた手紙です。

これだけチェック！
●関係代名詞は who, which, that ！
●主格と目的格がある！

➡答えは別冊 p.13

1 ( )内の関係代名詞が入る位置をア〜ウから選び，記号を○で囲みましょう。

(1) Aki is ア a girl イ they ウ saw in the park. (that)
アキは彼らが公園で見た少女です。

(2) The building ア has イ many windows ウ is a hospital. (which)
窓がたくさんある建物は病院です。

(3) I have just ア read イ the letter ウ my uncle wrote. (that)
私はおじが書いた手紙をちょうど読んだところです。

(4) The man ア took イ this picture ウ is very famous. (who)
この写真をとった男性はとても有名です。

2 次の２つの文を，関係代名詞を使って１つの文にしましょう。

(1) Ken has a sister. She plays basketball well. well：上手に

Ken has a sister ______________________ well.

(2) This is the room. I cleaned it yesterday. clean：そうじする

This is the room ______________________ yesterday.

(3) Do you know the woman? I met her in the library. met：meet の過去形

Do you know ______________________ in the library?

(4) I bought a book. It is good for children. bought：buy の過去形

I bought a book ______________________ children.

ABC 関係代名詞を使って，英語で書きましょう。

(1) 私がよく知っている女の子は中国語を話すことができます。 中国語：Chinese

The girl ______________________ speak Chinese.

(2) これは 100 年前に建てられた建物です。 建てる：build

This is a building ______________________ 100 years ago.

まとめのテスト

勉強した日　　月　　日　得点　　／100点

➡答えは別冊 p.13

1 次の日本文にあうように，□に適する語を書きなさい。　3点×4（12点）

(1) あなたは中国語を話すことができる女の子を知っていますか。　中国語：Chinese

Do you know a girl [　　] [　　] speak Chinese?

(2) 私は彼らが歌っている歌が好きです。　歌う：sing

I like the song [　　] [　　] are singing.

(3) この本を書いた男性はとても有名です。　有名な：famous

The man [　　] [　　] this book is very famous.

(4) トム(Tom)がとった写真はとても美しいです。　美しい：beautiful

The pictures [　　] [　　] [　　] are very beautiful.

2 次の英文を日本語になおしなさい。　6点×4（24点）

(1) The girl who is talking with Emi is Mary.　talk with ～：～と話す

(　　　　　　　　　　)メアリーです。

(2) He visited the temple which was built 200 years ago.　visit：訪れる　temple：寺

彼は(　　　　　　　　　　)。

(3) She is a musician that I like very much.　musician：音楽家

彼女は(　　　　　　　　　　)。

(4) The book that I read yesterday was interesting.　interesting：おもしろい

(　　　　　　　　　　)おもしろかったです。

こまったときのヒント

1 (1)「話すことができる」なので can を使う。(2)(4)「彼らが歌っている」，「トムがとった」なので〈関係代名詞＋主語＋動詞〉の順にする。(3)「～した…」なので〈関係代名詞＋動詞〉の順にする。

2 (1) The girl を who ～ Emi までが説明している。(2) the temple を which ～ ago までが説明している。(3) a musician を that ～ much までが説明している。(4) The book を that ～ yesterday までが説明している。(1)(4)は関係代名詞に修飾される語が主語になっている。

3 〔 〕内の語句を並べかえて，英文を書きなさい。

7点×4(28点)

(1) 私はその絵を描いた男の子を知っています。 描く：paint

I know 〔 who / the picture / painted / the boy 〕.

I know ______________________________ .

(2) ユミは彼女のお母さんが彼女のために作ったバッグを使います。

Yumi 〔 her mother / uses / made / which / the bag 〕 for her.

Yumi ______________________________ for her.

(3) ケンが駅で会った男性は私の兄ではありません。 駅：station met：meet の過去形

〔 met / that / the station / at / Ken / the man 〕 isn't my brother.

______________________________ isn't my brother.

(4) 公園のそばに立っている建物は図書館です。 ～のそばに：by ～

〔 the park / is / stands / by / that / the building 〕 a library.

______________________________ a library.

次の日本文を関係代名詞を使って英語にしなさい。

12点×3(36点)

(1) ベッキー(Becky)はピアノを上手にひくことができる女の子です。

____

(2) あなたが昨日手伝ったその男性は私のおじです。 手伝う：help おじ：uncle

____

(3) 神戸(Kobe)は私が訪れたいと思っている都市です。 都市：city

____

3 (1)「私は男の子を知っています」を先に作る。(2)「ユミはバッグを使います」を先に作る。(3)主語は「男性」。それを「ケンが駅で会った」が修飾する文にする。(4)主語は「建物」。そのあとに「公園のそばに立っている」を置く。

(1)「ピアノを上手にひくことができる」が「女の子」を,(2)「あなたが昨日手伝った」が「その男性」を，(3)「私が訪れたいと思っている」が「都市」を説明している。

リスニング問題にチャレンジ

➡答えは 別冊 p.14

1 英文を聞き，その内容にあう絵をア～ウから１つ選び，記号を書きなさい。 

(1)

ア

イ

ウ

(　　)

(2)

ア

イ

ウ

(　　)

(3)

ア

イ

ウ

(　　)

2 ６つのクイズを聞き，答えとしてもっとも適切な絵をア～カから１つ選び，その記号を書きなさい。

49

(1)(　　)　(2)(　　)　(3)(　　)　(4)(　　)　(5)(　　)　(6)(　　)

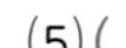
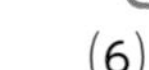

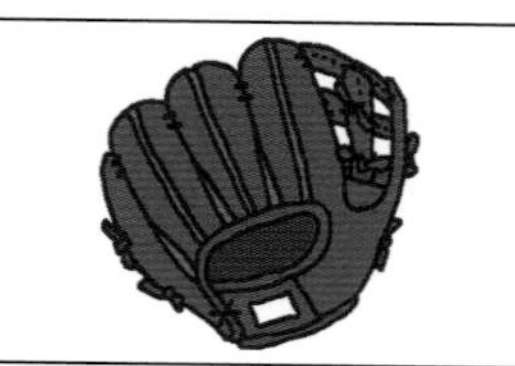
ア

イ

ウ

エ

オ

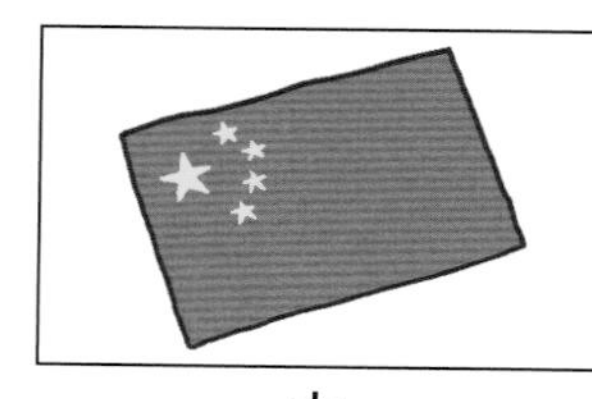
カ

7 仮定法

「仮定法」，初めて聞くことばですね。

「～だったらいいのに」や「もし～ならば，…なのに」のように，実現できないことを願ったり，現実とは異なることを仮定したりするときに使う用法のことです。

ポイントは，(助)動詞の時制です。少し難しそうですが，形を覚えてしまうと，意外と簡単ですよ。

I wish ～. ～だったらいいのに

I wish I were a young man.

〈If 主語+動詞の過去形～, 主語+would[could]+動詞の原形....〉 もし～ならば, …なのに

If I had time,
I could go with them.

38 「～だったらいいのに」の文

仮定法 I wish ～.

現実では実現できそうもないことを願うことってあるよね。このようなとき，英語ではどのように言うのかみていこうね。

これまでに習った動詞の形は，事実をそのまま表すものでしたね。この形を**直説法**といいます。これに対して，事実とは異なることを表す動詞の形を**仮定法**といいます。

たとえば，「空を自由に飛べたらいいのに」のように実現不可能な願望を表すときは，仮定法 **I wish ～.** を使います。このとき，「～」の部分の動詞や助動詞は**過去形**を使います。

このように，(助)動詞の過去形を使って現在の事実とは異なることを表すときに使う形を**仮定法過去**と言います。

I wish I flew freely in the sky.
主語　動詞（flyの過去形）
└実現不可能なこと

空を自由に飛べたらいいのに。
（現実は空を飛ぶことはできない）

I wish ～. の文の「～」で使う動詞は必ず過去形！

実現の可能性がありそうな願望については，I hope (that) ～. を使います。
I hope (that) I'll win the game.（試合に勝つといいなあと思う）
└実現できそうなことは，動詞は過去形にしない

I wish ～. の文をもっと見てみましょう。「～」の部分で助動詞，be 動詞を使う場合も，どちらも過去形にします。また，be 動詞の場合，「～」の部分の主語が何であっても，原則 **were** が使われます。

I wish Bob could speak Japanese.
主語　助動詞（過去形）

ボブが日本語を話せたらいいのに。
（現実はボブは日本語を話すことはできない）

I wish a robot **were** in my house.
主語　動詞（過去形）

ロボットが私の家にいたらいいのに。
（現実はロボットは自分の家にいない）

I wish ～. の文では，be 動詞は were を使うことが多い！

これだけチェック！

● 「～だったらいいのに」はI wish ～.,「～」では過去形を使う！

➡答えは別冊 p.14

1 (　)内の語を必要があれば適する形にかえて，□に書きましょう。

(1) 私がコンピュータを持っていればなあ。　(have)　コンピュータ：computer

I wish I □ a computer.

(2) 私が答えをわかっていればなあ。　(know)　答え：answer

I wish I □ the answer.

(3) 私がギターをひくことができたらいいのになあ。

I wish I □ play the guitar.

can の過去形

2 〔　〕内の語句を並べかえて，英文を作りましょう。

(1) トムがここにいればなあ。

I wish 〔 were / here / Tom 〕.

I wish ______________________________ .

(2) 私たちがマザー・テレサと話すことができたらいいのになあ。　～と話す：talk with ～

I wish 〔 could / we / talk with 〕 Mother Teresa.

I wish ______________________________ Mother Teresa.

ABC wish と(　)内の語句を使って，英語で書きましょう。

(1) 私が鳥だったらいいのになあ。　(were)　鳥：bird

______________________________ a bird.

I wish のあとに〈主語＋動詞 ～〉の文が続く。

(2) 私が車を運転することができたらいいのになあ。　(wish, could)　運転する：drive

______________________________ a car.

助動詞のあとに動詞の原形が続く。

(3) ジム(Jim)が日本に住んでいればなあ。　(live)

______________________________ Japan.

wish のあとの文の主語は Jim。

39 「もし～ならば，…なのに」の文

仮定法 If ～.

ここでは，仮定法過去のもう一つの使い方をみていきましょう。

「もし～ならば，…なのに」のように現在の事実と異なる仮定を表すときも仮定法過去を使います。〈If ＋主語＋動詞の過去形～，主語＋ would［could］＋動詞の原形....〉の形です。過去形を使うことがポイントである点は I wish ～ . の文と同じです。

現実とは異なる仮定
wouldまたはcould（willまたはcanの過去形）
If I lived in France, I would go to see the Eiffel Tower every day.
主語　動詞（過去形）
ねえ さんぽ！
フランスか…
今日も来た
私がフランスに住んでいたら，エッフェル塔を毎日見に行くのに。
（現実はフランスに住んでいないので，エッフェル塔を毎日見に行くことはない）

Point 「もし～ならば，…なのに」 ⇨ 〈If＋主語＋動詞の過去形～，主語＋would［could］＋動詞の原形….〉の形！

これもタイせつ
（現実に起こる可能性がある）仮定・条件でも if を使う。ただし，動詞は現在形を使う。
If it is rainy tomorrow, I'll stay home.（明日雨ならば，私は家にいるでしょう。）
└単なる仮定の場合，動詞は未来のことでも現在形を使う

If を使った仮定法過去の文でも，If ～，の部分で be 動詞を使う場合，主語が何であっても，原則 were を使います（会話などでは，主語が I，3 人称単数のときに was を使うこともあります）。

If I were Mai, I could pass the exam.　私がマイだったら，試験に合格できるのに。
主語 動詞（過去形）　canの過去形
（現実は私はマイでないので試験に合格できない）

If he were here, he would cook dinner.　彼がここにいたら，夕食を作ってくれるのに。
主語　動詞（過去形）　willの過去形
（現実は彼はここにいないので夕食を作ってくれない）

If ～，の部分でも，be 動詞は were を使うことが多い！

これダケ
できたぜっ♡
バーン
ハア…
おなかすいた…

これだけチェック！

● Ifを使った仮定法過去は〈If＋主語＋動詞の過去形～, 主語＋助動詞の過去形＋動詞の原形 ....〉！

➡答えは別冊 p.14

1 (　)内の語を必要があれば適する形にかえて，□に書きましょう。

(1) もし私に時間があったら，私はもっとテレビを見るのに。　(have)

If I [　　　] time, I would watch TV more.

(2) もし私があなただったら，私は彼らに夕食を作るのに。　(am)

If I [　　　] you, I would cook dinner for them.

(3) もし私がタイムマシーンを持っていたら，私は未来に行くことができるのに。

If I had a time machine, I could [　　　] to the future.　(go)

タイムマシーン　助動詞のあとは動詞の原形。　未来

2 〔　〕内の語句を並べかえて，英文を作りましょう。

(1) もし私が彼の電話番号を知っていたら，私は彼に電話するのに。

If 〔 his / I / knew / phone number 〕, I would call him.　電話番号：phone number

If ______________________________ , I would call him.

〈If ＋主語＋動詞の過去形〉の形。

(2) もし今日晴れていたら，私たちは買い物に行くことができるのに。

If it were sunny today, 〔 go / we / shopping / could 〕.　買い物に行く：go shopping

If it were sunny today, ______________________________.

〈主語＋助動詞の過去形＋動詞の原形 ～〉の形。

ABC (　)内の語句を使って，英語で書きましょう。

(1) もし私がたくさんのお金を持っていたら，私は世界中を旅することができるのに。

(a lot of, could travel)

______________________________ around the world.

〈If ＋主語＋動詞の過去形～，主語＋助動詞の過去形＋動詞の原形 ....〉の形。

(2) もしメアリー(Mary)がここにいたら，彼女は私たちを助けてくれるのに。

(were, would help)

______________________________ us.

まとめのテスト

勉強した日　月　日　得点　／100点

➡答えは別冊 p.15

1 次の文の□に，（　）内から適する語を選んで書きなさい。 2点×4(8点)

(1) I wish I □ an umbrella. （ have / had ）

(2) I wish I □ in Australia now. （ am / were ）

(3) If he had one million yen, he □ buy many video games. （ will / would ）

(4) If I were a bird, I □ fly in the sky. （ can / could ）

2 次の日本文の意味を表すように，□に適する語を書きなさい。 4点×6(24点)

(1) 私が私のイヌの気持ちをわかっていればなあ。 気持ち：feelings
I □ I knew my dog's feelings.

(2) 私にもっと眠る時間があったらなあ。 眠る：sleep
I wish I □ more time to sleep.

(3) もし私が海の近くに住んでいたら，私は毎日泳ぐことができるのに。
If I □ near the sea, I could swim every day. ～の近くに：near

(4) もし私がひまだったら，私はあなたを手伝うことができるのに。 ひまな：free
If I were free, I □ □ you.

(5) もし彼女が私の住所を知っていたら，彼女は私に手紙を送ってくれるのに。
If she knew my address, she □ □ me a letter.

(6) もし私があなただったら，私は友だちに頼むのに。 頼む：ask
If I □ you, I □ □ my friends.

こまったときのヒント

1 (1)「私が傘を持っていればなあ」 (2)「私が今オーストラリアにいればなあ」 (3)「もし彼が 100 万円を持っていたら，彼はたくさんのテレビゲームを買うだろうに」 (4)「もし私が鳥だったら，空を飛ぶことができるのに」

2 (1)(2) I wish ～. の「～」では，(助)動詞の過去形を使う。(3)～(6)〈If ＋主語＋動詞の過去形～，主語＋助動詞の過去形＋動詞の原形 ....〉の形。be 動詞は were を使うことが多い。

3 〔 〕内の語句を並べかえて，英文を書きなさい。 8点×4(32点)

(1) 私がたくさんの言語を話すことができたらいいのになあ。

I wish〔 speak / I / could / many languages 〕. language：言語

I wish ______________________________.

(2) もしケンがここにいたら，私たちはその仕事を終わらせることができるのに。

〔 Ken / if / here / were 〕, we could finish the work.

______________________________, we could finish the work.

(3) もし私がユキだったら，私は彼にその写真を見せるのに。

If I were Yuki, I〔 to / show / would / the picture 〕him.

If I were Yuki, I ______________________________ him.

(4) もし私に時間があれば，私は渋谷に買い物に行くのに。

If I had time,〔 would / shopping / go / I 〕in Shibuya.

If I had time, ______________________________ in Shibuya.

ABC ( )内の語句を使って，次の日本文を英語にしなさい。 12点×3(36点)

(1) 私がピアノをひくことができたらいいのになあ。 (wish, play)

____

(2) もし私が彼女の電話番号を知っていたら，私は彼女に電話するのに。

(phone number, would) 電話する：call

____

(3) もし今日晴れていたら，私たちはサッカーをすることができるのに。

(sunny, could) 晴れて：sunny

____

3 (1) I wish のあとには文の形が続く。(3) show … to ～で「…を～に見せる」の意味。(4) go shopping で「買い物に行く」。

(1) I wish ～. で表す。助動詞 can の過去形 could を使う。(2)(3)〈If ＋主語＋動詞の過去形～，主語＋助動詞の過去形＋動詞の原形 ....〉の形で表す。(3)天候を表す主語 it を使い，If it were sunny とする。if ～の文では，be 動詞は were を使うことが多い。

リスニング問題にチャレンジ

➡答えは 別冊 p.15

1 英文を聞き，その内容にあう絵をア～ウから１つ選び，記号を書きなさい。 ♪ 52

(1) (　　　)

ア

イ

ウ

(2) (　　　)

ア

イ

ウ

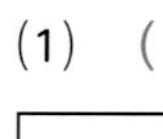

2 英文を聞き，その内容にあう絵をア～カから１つ選び，記号を書きなさい。 ♪ 53

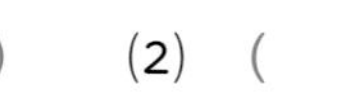

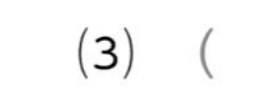

(1) (　　　)　(2) (　　　)　(3) (　　　)

ア

イ

ウ

エ

オ

カ

重要不規則動詞変化表

下の表は，中学校で学習するおもな不規則動詞60語です。それぞれの動詞の意味と，変化した形を覚えましょう。

※[　]は発音です。

	原　形	意　味	現在形	過去形	過去分詞	ing形
	A－B－C型（原形，過去形，過去分詞が違う形）					
□	be	～である，いる	am/are/is	was/were	been	being
□	begin	始める	begin(s)	began	begun	beginning nを重ねる
□	break	破る	break(s)	broke	broken	breaking
□	choose	選ぶ	choose(s)	chose	chosen	choosing
□	do	する	do/does	did	done	doing
□	draw	(絵を)かく	draw(s)	drew	drawn	drawing
□	drink	飲む	drink(s)	drank	drunk	drinking
□	drive	運転する	drive(s)	drove	driven	driving
□	eat	食べる	eat(s)	ate	eaten	eating
□	fall	落ちる	fall(s)	fell	fallen	falling
□	fly	飛ぶ	fly/flies	flew	flown	flying
□	give	与える	give(s)	gave	given	giving
□	go	行く	go(es)	went	gone	going
□	grow	成長する，～になる	grow(s)	grew	grown	growing
□	know	知っている	know(s)	knew	known	knowing
□	ride	乗る	ride(s)	rode	ridden	riding
□	rise	のぼる	rise(s)	rose	risen	rising
□	see	見る	see(s)	saw	seen	seeing
□	show	見せる	show(s)	showed	shown	showing
□	sing	歌う	sing(s)	sang	sung	singing
□	speak	話す	speak(s)	spoke	spoken	speaking
□	swim	泳ぐ	swim(s)	swam	swum	swimming mを重ねる
□	take	取る，持っていく	take(s)	took	taken	taking
□	write	書く	write(s)	wrote	written	writing
	A－B－B型（過去形と過去分詞が同じ形）					
□	bring	持ってくる	bring(s)	brought	brought	bringing
□	build	建てる	build(s)	built	built	building
□	buy	買う	buy(s)	bought	bought	buying
□	catch	捕まえる	catch(es)	caught	caught	catching

	原　形	意　味	現在形	過去形	過去分詞	ing形
□	feel	感じる	feel(s)	felt	felt	feeling
□	find	見つける	find(s)	found	found	finding
□	get	得る，～になる	get(s)	got	got/gotten	getting tを重ねる
□	have	持っている,食べる	have/has	had	had	having
□	hear	聞く	hear(s)	heard	heard	hearing
□	hold	抱く，催す	hold(s)	held	held	holding
□	keep	保つ	keep(s)	kept	kept	keeping
□	leave	出発する	leave(s)	left	left	leaving
□	lend	貸す	lend(s)	lent	lent	lending
□	lose	失う	lose(s)	lost	lost	losing
□	make	作る	make(s)	made	made	making
□	mean	意味する	mean(s)	meant [ment メント]	meant [ment メント]	meaning
□	meet	会う	meet(s)	met	met	meeting
□	say	言う	say(s)	said [sed セッド]	said [sed セッド]	saying
□	sell	売る	sell(s)	sold	sold	selling
□	send	送る	send(s)	sent	sent	sending
□	sit	すわる	sit(s)	sat	sat	sitting tを重ねる
□	sleep	眠る	sleep(s)	slept	slept	sleeping
□	spend	過ごす	spend(s)	spent	spent	spending
□	stand	立っている	stand(s)	stood	stood	standing
□	teach	教える	teach(es)	taught	taught	teaching
□	tell	話す，教える	tell(s)	told	told	telling
□	think	思う	think(s)	thought	thought	thinking
□	understand	理解する	understand(s)	understood	understood	understanding
□	win	勝つ	win(s)	won [wʌn ワン]	won [wʌn ワン]	winning nを重ねる
	A－B－A 型（原形と過去分詞が同じ形）					
□	become	～になる	become(s)	became	become	becoming
□	come	来る	come(s)	came	come	coming
□	run	走る	run(s)	ran	run	running nを重ねる
	A－A－A 型（原形，過去形，過去分詞が同じ形）					
□	cut	切る	cut(s)	cut	cut	cutting tを重ねる
□	hit	打つ，当たる	hit(s)	hit	hit	hitting tを重ねる
□	put	置く，つける	put(s)	put	put	putting tを重ねる
□	read	読む	read(s)	read [red レッド]	read [red レッド]	reading

←この「解答と解説」は取り外して使えます。

改訂版

わからないをわかるにかえる中3英語

解答と解説

文理

●［ ］は別の答えを，（ ）は省略できる答えを示しています。

1 「受け身」とは？

p.7

1 (1) is cleaned　(2) are used
(3) are loved　(4) is visited

ポイント「～される，されている」という受け身の文は，〈be 動詞＋過去分詞〉で表します。be 動詞の am, are, is は主語により使い分けます。規則動詞の過去分詞は，過去形と同じで，原形の語尾に(e)d をつけて表します。

2 (1) Japanese is studied
(2) Soccer is played
(3) That library is closed
(4) These cars are washed

2 過去分詞とは？

p.9

1 (1) visited　(2) lived　(3) spoken
(4) taken　(5) built　(6) come
(7) found　(8) cut

ポイント (3)～(8)不規則動詞の過去分詞は，それぞれ独自の変化をするので，１つ１つ覚えましょう。

2 (1) written　(2) known　(3) seen

✎ (1) is used by him
(2) are made in China
(3) are read by

ポイント (1)(3)「～によって」と動作をする人を示すときは，過去分詞のあとに by ～をつけます。by のあとに代名詞がくるときは，by him のように目的格(～を[に])の形になることに注意しましょう。

3 過去の受け身の文

p.11

1 (1) was　(2) were　(3) was

2 (1) was visited
(2) were cleaned
(3) were seen
(4) was built

ポイント「～された」という過去の受け身の文は，〈be 動詞の過去形(was, were)＋過去分詞〉で表します。

✎ (1) was taken in
(2) were made by

4 受け身の否定文・疑問文

p.13

1 (1) isn't used　(2) weren't taken

ポイント 受け身の否定文は，be 動詞のあとに not をつけて作ります。

2 (1) Are these birds seen
(2) Was my father's car washed
(3) Were these watches made

ポイント 受け身の疑問文は，be 動詞を主語の前に置いて作ります。

✎ (1) This letter wasn't[was not] written
(2) Is Chinese learned / it is

ポイント (2)受け身の疑問文には，be 動詞を使って答えます。

5 注意すべき受け身の文

p.15

1 (1) with　(2) to　(3) as
(4) from　(5) of

ポイント 受け身の文では，by 以外の前置詞を使うこともよくあります。
(4)(5) be made from ～は材料が変化するとき，be made of ～は材料が変化しないときに使います。

2 (1) was given this watch
(2) That animal is called
(3) can be seen

ポイント (1) My grandfather gave me this watch. の下線部を主語にした受け身の文。
(2) They call that animal an elephant in English. の下線部を主語にした受け身の文。
(3)受け身の文で助動詞が使われるときは〈助動詞＋ be ＋過去分詞〉の形で表します。

まとめのテスト

p.16～17

1 (1) opened (2) liked (3) studied
(4) read (5) written

ポイント (4) read は原形・過去形・過去分詞がすべて同じつづりです。ただし原形は[ri:d リード]，過去形・過去分詞は[red レッド]と発音します。

2 (1) are spoken (2) wasn't taken, him
(3) Was, built (4) known to
(5) will be

ポイント (4)「～に知られている」は be known to ～で表します。
(5)受け身の文で助動詞が使われるときは，〈助動詞＋ be ＋過去分詞〉の形で表します。

3 (1) These computers aren't[are not] used every day.
(2) Were they helped by Mike? / Yes, they were.
(3) I was given this watch by my father.
(4) This flower is called a rose in English.

ポイント (3)「～に…をあげる」の文を受け身の文にします。
(4)「A を B と呼ぶ」の文を受け身の文にします。この文の場合，動作をする人は特に示す必要はないので，by ～は必要ではありません。

4 (1) The town was visited by many[a lot of] people.
(2) These rooms weren't[were not] cleaned yesterday.
(3) The mountain is covered with snow.
(4) These animals can be seen in the zoo.

ポイント (3)「～におおわれている」は be covered with ～で表します。
(4)受け身の文で助動詞が使われるときは，〈助動詞＋ be ＋過去分詞〉の形で表します。

▶リスニング問題にチャレンジ

p.18

1 (1)イ (2)ウ (3)ア

ポイント 受け身は，〈be 動詞＋過去分詞〉で表します。過去分詞に注意して聞きましょう。
(2)は「それは 9 人の選手で競技されます。日本でもっとも人気のあるスポーツの一つです」という意味です。

2 (1)イ (2)イ (3)ウ

ポイント 受け身の疑問文は，be 動詞を主語の前に置きます。答えるときも，be 動詞を使います。(3)の When is it closed? は「いつそれ(＝スーパーマーケット)は閉まりますか」という意味です。

放送文

1 (1) I have something in my hand. It is used when we take pictures.
(2) It is played by nine players. It is one of the most popular sports in Japan.
(3) This temple was built about one hundred years ago.

2 (1) A: Are you reading an English book?
B: Yes. It's very interesting.
A: Is this book read around the world?
B: (Yes, it is.)
(2) A: There are a lot of pictures on the wall.
B: Yes. I use this room with my brother.
A: These pictures are really beautiful. Were they taken by him?
B: (Yes, they were.)
(3) A: What are you doing?
B: I'm making a cake. Oh, no. I don't have any eggs.
A: Really? I'll go to the supermarket to buy some. When is it closed?
B: (At seven o'clock.)

6 「現在完了形」とは？ p.21

❶ (1) stayed (2) have stayed
(3) studied (4) has studied

ポイント (1)(3)時を表す語句が last ～や～ ago などの過去のある一時点を表すときは，現在完了形ではなく動詞の過去形を使います。
(2)(4)現在完了形は〈have[has]＋過去分詞〉で表します。主語が３人称単数のときは has を使います。

❷ (1) worked (2) work
(3) have worked (4) have lived
(5) has wanted

7 継続を表す現在完了形① p.23

❶ (1) for (2) since

ポイント for は「～の間」の意味で期間を表す語句の前，since は「～以来，～から」の意味で始まりの時期を表す語句の前で使います。

❷ (1) learned Chinese since
(2) has used the desk for
(3) has been cold since

✎ (1) have been busy since
(2) has worked in this company for
(3) have known him for a long time

8 継続を表す現在完了形② p.25

❶ (1) haven't stayed (2) hasn't studied
(3) Have they (4) Has Judy

ポイント (1)(2)現在完了形の否定文は，have[has]のあとに not を置きます。haven't は have not，hasn't は has not の短縮形です。
(3)(4)現在完了形の疑問文は，have[has]を主語の前に置きます。

❷ (1) He has not seen Miho
(2) How long have you lived in

ポイント (2)「どのくらいの期間」と期間をたずねるときは，文の始めに How long を使い，そのあとに現在完了形の疑問文を続けます。

✎ (1) Has Ken worked in Kobe
(2) he has

ポイント (2)現在完了形の疑問文には have[has]を使って答えます。

9 経験を表す現在完了形① p.27

❶ (1) twice (2) many times
(3) been, once

ポイント 経験の回数を言うとき，「１回」は once，「２回」は twice，３回以上は～ times で表します。「何回も」は many times です。

❷ (1) have heard this song before
(2) has met Nancy once
(3) has read this book three times

✎ (1) has visited the zoo before
(2) have been to Korea four times

ポイント (2)「～へ行ったことがあります」は be の過去分詞 been を使って，have[has] been to ～で表します。

10 経験を表す現在完了形② p.29

❶ (1) never played (2) has never seen
(3) ever heard (4) Has, ever eaten[had]
(5) How, times

ポイント (1)(2)「一度も～したことがありません」という否定文では，have[has]のあとに never を使います。
(3)(4)「これまでに～したことがありますか」という疑問文では，過去分詞の前に ever を使います。(4) eat の過去分詞は eaten です。
(5)「何回～したことがありますか」と経験の回数をたずねるときは，文の始めに How many times を使います。

❷ (1) have never been to
(2) Have you ever read
(3) How many times has Yuki visited

11 完了を表す現在完了形 p.31

1 (1) just (2) already (3) yet
(4) yet

ポイント (1)(2)「ちょうど，たった今」は just，「すでに」は already で表し，どちらも過去分詞の前に置きます。
(3)(4)否定文の「まだ」と疑問文の「もう」はどちらも yet で表し，文の最後に置きます。意味の違いに注意しましょう。

✎ (1) already written
(2) just eaten
(3) not arrived at the park yet
(4) done his homework yet / he hasn't

12 現在完了形のまとめ p.33

1 (1) have lived, since
(2) have visited, twice
(3) has just written
(4) have already cleaned

2 (1) never eaten
(2) How many times has Tom read
(3) haven't[have not] finished breakfast yet

✎ (1) I have used this computer for
(2) Have you ever been to

13 現在完了進行形 p.35

1 (1) have been (2) has been
(3) Have, been
I have / I haven't

ポイント 現在完了進行形は〈have[has] been＋動詞の ing 形〉で表します。主語が３人称単数のときは has を使います。
(3)現在完了進行形の疑問文は，have[has]を主語の前に置きます。答えるときにも，have[has]を使います。

2 (1) hasn't been raining
(2) How long have you been

ポイント (1)現在完了形の否定文は，have[has]のあとに not を置きます。短縮形は have not → haven't，has not → hasn't です。
(2)「どのくらいの間」と期間をたずねるときは，How long で文を始め，そのあとに現在完了進行形の疑問文の語順を続けます。

✎ (1) have been studying English for
(2) has been watching TV since

まとめのテスト p.36～37

1 (1) have (2) has (3) since
(4) before (5) watching

2 (1) ever, twice
(2) have already
(3) Has, washed, yet
(4) have been studying

3 (1) have never been to Hawaii
(2) has not left home yet
(3) How long have you stayed
(4) has been talking with Yuki

ポイント (1)「一度も～ない」という経験の否定は not ではなく never を使うことに注意しましょう。

✎ (1) Sam has been busy since last week.
(2) I have read the book many times.
(3) They have been playing soccer for three hours.

ポイント (1) be の過去分詞は been。
(3)現在完了進行形は〈have[has]＋ been ＋動詞の ing 形〉で表します。

▶リスニング問題にチャレンジ　p.38

1 (1)ア　(2)ウ　(3)イ　(4)イ　(5)ウ

ポイント **1** (5)のウは，〈have[has] + been + 動詞の ing 形〉で現在完了進行形の文です。「エイトは2時間ずっとテニスをしています」という意味です。

2 (1)ウ　(2)イ　(3)ウ

ポイント (3)は「エリはもう自分の宿題をしましたか」という意味です。done は do の過去分詞で，[dʌn]と読みます。

放送文

1 (1)ア　They have studied English for four years.
　イ　They have watched TV for four hours.
　ウ　They have worked in the shop for four months.
(2)ア　I have been to Australia once.
　イ　I have been to China three times.
　ウ　I have been to America before.
(3)ア　I have just cleaned my room.
　イ　I have just finished dinner.
　ウ　I haven't finished dinner yet.
(4)ア　She has used the bike for a long time.
　イ　She has already left home.
　ウ　She has already arrived home.
(5)ア　Eito has never seen the movie.
　イ　Eito has played tennis with Bob many times.
　ウ　Eito has been playing tennis for two hours.

2 (1) How long has Mary stayed in Japan?
(2) Has Ken ever read this English book?
(3) Has Eri done her homework yet?

14 不定詞の基本３用法①　p.41

1 (1) to play　(2) to be[become]
(3) started[began] to study

ポイント「～すること」を表す不定詞は，like, want, start, began, decide などの動詞の目的語としてよく使われます。

2 (1) want something to eat
(2) has some letters to write
(3) have a lot of books to read

ポイント「～するための，～すべき」を表す不定詞は，名詞や something を後ろから修飾します。

✎ (1) wants to buy a new dictionary
(2) have a lot of homework to do

15 不定詞の基本３用法②　p.43

1 (1) to enjoy　(2) to make[cook]
(3) to go

2 (1) to hear　(2) to talk
(3) sad to read

ポイント「～して」を表す不定詞は，happy, sad, surprised などのあとに置いて，気持ちや感情の原因を表します。

✎ (1) came to Japan to teach
(2) am happy to see you
(3) went to the park to play

16「～することは…です」の文　p.45

1 (1) It, to　(2) It, to swim
(3) It, for, speak

ポイント「～することは…です」は，It is ... to ～. で表します。「－にとって」は to ～の前に for －を置いて表します。

2 (1) is important to help
(2) It is interesting to read
(3) It is good for children to

✎ (1) is necessary to study English
(2) It is difficult for Tom to speak

17 「…に〜してほしい」の文

p.47

1 (1) want, to
(2) told me, clean
(3) asked, to make

ポイント 「…に〜してほしい」は want ... to 〜,「…に〜するように言う」は tell ... to 〜,「…に〜するように頼む」は ask ... to 〜で表します。told は tell の過去形です。

2 (1) us to study hard
(2) tells us to get up
(3) We asked Emi to play

✎ (1) want her to come to the party
(2) told him to close

18 「〜のしかた」の文

p.49

1 (1) what to　(2) when to
(3) where to　(4) how to

ポイント 「何を〜したらよいか」は what to 〜,「いつ〜すべきか」は when to 〜,「どこへ[で]〜すべきか」は where to 〜,「〜のしかた」は how to 〜で表します。

2 (1) what to buy
(2) know where to put
(3) know when to call
(4) tell me how to get

19 「…が〜するのを手伝う」の文

p.51

1 (1) helped, cook　(2) let, know
(3) made, cry

ポイント 〈help ＋人＋〜〉は「…が〜するのを手伝う」,〈let ＋人＋〜〉は「…が〜するのを許す，…に〜させてやる」,〈make ＋人＋〜〉は「…に〜させる」という意味です。「〜」の部分には動詞の原形がきます。

2 (1) helped me do　(2) let me use
(3) makes people laugh

✎ (1) I helped them clean
(2) let me go there

20 不定詞のまとめ

p.53

1 (1)ウ　(2)ア　(3)イ　(4)イ

ポイント (4)〈let ＋人＋〜〉は「…が〜するのを許す，…に〜させる」という意味です。〜の部分には動詞の原形がきます。

2 (1) to see
(2) It, for, to
(3) want, to
(4) helped, make[cook]

ポイント (4)〈help ＋人＋〜〉は「…が〜するのを手伝う」という意味です。「〜」の部分には動詞の原形がきます。

✎ (1) It is interesting for me to study
(2) how to use this computer

まとめのテスト

p.54 〜 55

1 (1) to study　(2) It, to
(3) told, to　(4) to buy
(5) let, know

ポイント (5)「…が〜するのを許す，…に〜させる」は〈let ＋人＋〜〉で表します。「〜」の部分には動詞の原形がきます。

2 (1)彼女に歌を歌ってほしいです
(2)彼女に何と言うべきか[言ったらよいか]わかりませんでした
(3)彼女にとって熱心に[一生懸命に]英語を勉強すること
(4)私がこの部屋をそうじするのを手伝って

ポイント (3) It は形式的な主語で，to 以下が本当の主語になります。It を「それ」と訳さないように注意しましょう。
(4)〈help ＋人＋〜〉は「…が〜するのを手伝う」という意味です。

3 (1) have a lot of things to learn
(2) asked my brother to play the guitar
(3) taught me how to ski
(4) helped Mary do her homework

(1) I was happy to hear the news.
(2) It is interesting for her to read books[a book].
(3) Bob didn't know where to go.

▶リスニング問題にチャレンジ p.56

1 (1)ア (2)オ (3)エ (4)ウ (5)カ

ポイント (4) It is … to ～. は「～することは…です」という意味です。
(5)〈help ＋人＋動詞の原形〉は「…が～するのを手伝う」という意味です。

2 (1)ウ (2)ウ

ポイント (2)〈want ＋人＋ to ～〉は「…に～してほしい」，〈tell ＋人＋ to ～〉は「…に～するように言う」という意味です。２つの意味の違いをおさえておきましょう。

放送文

1 (1) He was glad to meet her.
(2) She wants to know how to cook curry.
(3) He doesn't know where to put his bag.
(4) It is dangerous to swim in the river.
(5) He helped his mother wash the dishes.

2 (1) A: My homework is very difficult. Can you help me, Mary?
B: Sure, Ken.
(2) A: Bye, Mom.
B: Wait, Bill. Take an umbrella with you. It's going to rain today.

21 「(人)に～をあげる」などの文 p.59

1 (1) send Yuki
(2) showed him
(3) teaches them English

2 (1) gave her this book
(2) made her brother lunch
(3) tell me the way to the station

ポイント 「(人)に(もの)を～する」の文では，主語のあとに〈動詞＋人＋もの〉の順を続けます。「人」に代名詞を使う場合は，目的格(「～を[に]」)の形にします。

(1) give them these cards
(2) bought me a bag

22 「AをBと呼ぶ[名づける]」の文 p.61

1 (1) call, Jim (2) named, Ken
(3) calls her Aki (4) What, call

ポイント 「AをBと呼ぶ」は〈call ＋ A ＋ B〉，「AをBと名づける」は〈name ＋ A ＋ B〉の形で表します。Aには「人・もの」，Bには「呼び方」「名前」がきます。

2 (1) call that girl Emily
(2) named the dog Leo
(3) teacher calls him Mike
(4) What do you call this flower

23 「AをBにする」の文 p.63

1 (1) them angry (2) made, famous
(3) makes us sad

ポイント 「AをB(の状態)にする」は〈make ＋ A ＋ B〉の形で表します。Bには形容詞がきます。

2 (1) made everyone sleepy
(2) game made the students tired
(3) with my friends makes me happy

(1) news made us excited
(2) present made her surprised

24 いろいろな文の形のまとめ

p.65

1 (1)イ (2)ウ (3)ウ (4)イ

ポイント (4)〈give＋人＋もの〉「(人)に(もの)をあげる」は，前置詞 to を使って〈give＋もの＋to＋人〉で表すこともできます。

2 (1) sounds interesting
(2) teach them math
(3) made her sad

ポイント (1)「～に聞こえる」は〈sound＋形容詞〉で表します。主語の your plan が３人称単数なので，sound の語尾に s をつけます。

✎ (1) teacher looks busy every day
(2) named this cat Tama
(3) tennis makes him tired

ポイント (3)主語になる動名詞は３人称単数の扱いなので，make の語尾に s をつけます。

25 文中に入る疑問文

p.67

1 (1) when they (2) where she is
(3) who he is (4) what you like

ポイント 文中に入る疑問文(間接疑問(文))は，疑問詞のあとが〈主語＋動詞〉の語順になることに注意しましょう。
(4)〈tell＋人＋もの〉は「(人)に(もの)を教える[伝える]」という意味です。「もの」の部分に，〈疑問詞＋主語＋動詞〉の形がくることに注意しましょう。

2 (1) know what this is
(2) know where Sam went
(3) know when she wrote this letter
(4) tell me why he was late

ポイント (4) Can you tell me ～？で「私に～を教えてくれますか」という意味です。「～」の部分に〈疑問詞＋主語＋動詞〉の形がきています。

26 接続詞 that

p.69

1 (1) told, that (2) tell, that
(3) afraid that (4) glad[happy] that

ポイント (1)(2)〈tell＋人＋that ～〉は「…に～と言う」という意味です。that は接続詞で，「～ということ」の意味です。
(3)(4) be afraid that ～は「残念ながら～と思う」，be glad that ～は「～ということをうれしく思う」という意味です。

2 (1) tells me that I
(2) shows us that health
(3) they will win
(4) you look well

ポイント (2)〈show＋人＋that ～〉は「…に～を示す」という意味です。
(3) be sure that ～は「きっと～と思う」という意味です。(3)(4)接続詞 that が省略されています。

27 「なんて～でしょう！」の文

p.71

1 (1) How (2) What
(3) How (4) What

ポイント 〈How＋形容詞[副詞]!〉，〈What a [an]＋形容詞＋名詞!〉は「なんて～でしょう！」という意味です。

2 (1) How fast that man runs!
(2) What an old camera!

ポイント (1)〈How＋形容詞[副詞]〉や〈What a [an]＋形容詞＋名詞〉のあとに〈主語＋動詞〉が続くこともあります。

✎ (1) How beautiful!
(2) a good singer

まとめのテスト

p.72 ～ 73

1 (1) looks (2) gave (3) call
(4) made

2 (1) sounds (2) she is
(3) that (4) you did
(5) How (6) What

ポイント (4)〈tell ＋人＋もの〉で「(人)に(もの)を言う」という意味を表します。(もの)の部分に〈疑問詞＋主語＋動詞〉がくることもあります。ここでは what you did yesterday(あなたが昨日何をしたのか)がきています。

3 (1) showed him my album
(2) when Mike will come
(3) afraid I have to go
(4) me where the station is

ポイント (4)大問２の(4)同様に，〈tell ＋人＋もの〉の(もの)の部分に〈疑問詞＋主語＋動詞〉がきています。ここでは where the station is(駅はどこか)がきています。

(1) What do you call this bird in English?
(2) This song makes people happy.
(3) Do you know where Yuki lives?
(4) Lisa always tells me (that) Japan is a good country.

ポイント (1) Do you call this bird ～ in English?「あなたはこの鳥を英語で～と言いますか」という文の「～」を What「何」とたずねていると考えてみましょう。
(2), (4)主語が３人称単数で現在の文なので，動詞の形に注意しましょう。

▶リスニング問題にチャレンジ

p.74

1 (1)イ (2)ウ (3)ウ

ポイント 英文の文の形に注意して聞きましょう。(2)(3)〈make+A+B〉は「A を B(の状態)にする」という意味です。

2 (1)イ (2)ア (3)ウ

ポイント (2)〈call+A+B〉「A を B と呼ぶ」の疑問文です。
(3) know のあとに続く〈疑問詞＋主語＋動詞〉の形に注意して聞きましょう。

放送文

1 (1)ア Mike showed Emily his pictures.
イ Mike gave Emily some flowers.
ウ Mike made Emily a dress.
(2)ア Taku looked angry.
イ Taku felt sad when he read her letter.
ウ The letter made Taku happy.
(3)ア Kota was glad to hear the news.
イ Kota liked the TV program.
ウ The news made Kota sad.

2 (1) A: Please tell me where the library is.
B: Sure.
(2) A: What do you call this animal in English?
B: We call it a koala.
(3) A: Do you know where she went?
B: Yes. She went to the supermarket.

28 後ろから名詞を修飾する語句

p.77

1 (1) letter from
(2) girl with
(3) pen on
(4) cat under

ポイント (2)「長い髪のあの女の子」は that girl with long hair と表します。この with は「～がある，～を持って」という意味です。

2 (1) read a book about
(2) The racket by the table is
(3) is a picture of your school
(4) A friend in Canada came to Japan

29 「～している…」の文

p.79

1 (1)ウ (2)イ (3)ア (4)ウ

ポイント (1)(2)は the man，(3)は The woman，(4)は the girl を〈現在分詞＋語句〉が後ろから修飾しています。
(3)は The woman speaking English が主語で，is が動詞です。「英語を話している女性はスズキさんです」という意味になります。

2 (1) brother living
(2) woman watching
(3) boy running
(4) girl sitting

✎ (1) The girl swimming in the pool
(2) the girl writing a letter

30 「～された…」の文

p.81

1 (1)イ (2)ウ (3)ア (4)ア

ポイント (1)は a city，(2)は a computer，(3)は The building，(4)は The cake を〈過去分詞＋語句〉が後ろから修飾しています。
(3)は The building seen from here，(4)は The cake sold at that shop が主語です。それぞれ「ここから見える建物は図書館です」「あの店で売られているケーキはとても人気があります」という意味になります。

2 (1) dinner cooked
(2) pictures taken
(3) watch made
(4) language spoken

✎ (1) a song liked by children
(2) The book written in English

31 「～が…する―」の文

p.83

1 (1) I made
(2) we know
(3) they like
(4) you helped

2 (1) the bike my brother gave me
(2) The boy they met yesterday
(3) The subject Emi's sister teaches is
(4) Do you know the girl Taku called

ポイント (1)は the bike，(2)は The boy，(3)は The subject，(4)は the girl を〈主語＋動詞～〉が後ろから修飾しています。
(2)は The boy they met yesterday，(3)は The subject Emi's sister teaches が主語になっています。

32 名詞を修飾する語句のまとめ

p.85

1 (1) about (2) written (3) taking

ポイント (2)(3)現在分詞と過去分詞の使い分けは，「～している」の意味なら現在分詞，「～された」の意味なら過去分詞を使います。

2 (1) the bag you bought yesterday
(2) know that girl speaking English
(3) The cars made in Germany

✎ (1) The crying boy is
(2) we saw last week

ポイント (1) crying が 1 語で the boy を修飾しているので，boy の前に置きます。

まとめのテスト p.86～87

1 (1)イ (2)エ (3)イ (4)イ

2 (1) under, is (2) man reading
(3) dog loved (4) used book
(5) she gave

ポイント (4) used book で「古本」。used が1語で a book を修飾しているので，book の前に置きます。

3 (1) at the hospital on the hill
(2) I have a brother working in
(3) My father wants a car made in
(4) The girl we met last Sunday was

ポイント (3)「日本製の」は「日本で作られた」と考えます。

(1) That woman running in the park is my aunt.
(2) That is a building built
(3) The dinner he cooked was delicious.

▶リスニング問題にチャレンジ p.88

1 (1) Miki (2) Ken (3) Tom

ポイント 現在分詞に注意して聞きましょう。(1)は「テニスを練習している女の子はだれですか」という意味です。

2 (1)エ (2)イ (3)ア (4)カ (5)オ

ポイント (2)(3)(4)過去分詞に注意して聞きましょう。(5) the pictures を Eito took in Kyoto が後ろから修飾しています。

放送文

1 (1) Who is the girl practicing tennis?
(2) Who is the boy reading a book on the bench?
(3) Who is the boy playing the guitar under the tree?

2 (1) The boy read a book about science yesterday.
(2) This is a cake made by my mother.
(3) The book written in English is Makoto's.
(4) That is a temple built two hundred years ago.
(5) These are the pictures Eito took in Kyoto.

33 「人」を後ろから説明する文 p.91

1 (1) who likes
(2) who came
(3) who wrote
(4) who can speak

ポイント (1)先行詞 a brother が3人称単数で現在の文なので，who に続く動詞 like の語尾に s をつけることに注意しましょう。

2 (1) who is playing the piano
(2) teacher who teaches us

(1) an uncle who lives
(2) who washed that car is

34 「もの」を後ろから説明する文 p.93

1 (1) which (2) which (3) who

ポイント who と which は先行詞で使い分けます。(1)(2)は先行詞が「もの」なので which，(3)は先行詞が「人」なので who を使います。

2 (1) which leaves
(2) which stands
(3) which has
(4) which made

ポイント (1)～(3)先行詞 the bus，The house，a city が3人称単数なので，which に続く動詞が leaves，stands，has になることに注意しましょう。

(1) a train which goes to
(2) a shop which sells used books

35 「人」「もの」を後ろから説明する文①

p.95

❶ (1) that lives
(2) that cleaned
(3) that sells

ポイント 関係代名詞 that は，先行詞が「人」，「もの」どちらの場合にも使えます。

❷ (1)昨日私を訪ねてきた男の子
(2)アメリカ製の[アメリカで作られた]車を持っています

❸ (1) a boy that plays the guitar well
(2) the bus that has just arrived
(3) The pictures that were taken in London

36 「人」「もの」を後ろから説明する文②

p.97

❶ (1) that　(2) which　(3) that

ポイント 目的格の関係代名詞は，先行詞が「人」のときは that，「もの」のときは which または that を使います。

❷ (1) that we
(2) which[that] you bought
(3) which[that] I took

❸ (1) I saw yesterday is
(2) the man that I helped

ポイント (1)関係代名詞の目的格は省略することができます。先行詞が「もの」なので，which または that が省略されています。

37 関係代名詞のまとめ

p.99

❶ (1)イ　(2)ア　(3)ウ　(4)ア

❷ (1) who[that] plays basketball
(2) which[that] I cleaned
(3) the woman that I met
(4) which[that] is good for

✎ (1) that I know well can
(2) which[that] was built

まとめのテスト

p.100～101

1 (1) who[that] can
(2) which[that] they
(3) who[that] wrote
(4) which[that] Tom took

2 (1)エミと話している女の子は
(2) 200 年前に建てられたその寺を訪れました
(3)私が大好きな音楽家[ミュージシャン]です
(4)私が昨日読んだその本は

3 (1) the boy who painted the picture
(2) uses the bag which her mother made
(3) The man that Ken met at the station
(4) The building that stands by the park is

ポイント (1)(4) who, that は主格の関係代名詞です。主格の関係代名詞のあとには動詞が続きます。
(2)(3) which, that は目的格の関係代名詞です。目的格の関係代名詞のあとには〈主語＋動詞〉の形が続きます。「人」が先行詞の場合，which は使えません。

✎ (1) Becky is a[the] girl who[that] can play the piano well.
(2) The man that you helped yesterday is my uncle.
(3) Kobe is a[the] city which[that] I want to visit.

ポイント (2)(3)どちらも目的格の関係代名詞なので，省略することもできます。目的格の関係代名詞を省略すると〈主語＋動詞～〉が名詞を後ろから修飾する形と同じになります。

▶リスニング問題にチャレンジ p.102

1 (1)ウ (2)イ (3)ウ

ポイント 関係代名詞に注意して聞きましょう。目的格の関係代名詞は省略することができます。(3)は「彼が昨日，助けた女性は伊藤さんです」という意味です。

2 (1)オ (2)エ (3)カ (4)ウ (5)ア (6)イ

ポイント 目的格の関係代名詞は省略することができますが，主格は省略できません。(6)は「これは私たちに単語の意味を教えてくれる本です」という意味で，クイズの答えは辞書(dictionary)です。

放送文

1
(1) The boy who is playing the piano is Bob.
(2) The pictures that Ayaka took in Tokyo are beautiful.
(3) The woman he helped yesterday is Ms. Ito.

2
(1) This is a person who works at a hospital.
(2) This is an animal that has a long neck.
(3) This is a country which is famous for its pandas.
(4) This is something we can see in spring.
(5) This is something we use when we play baseball.
(6) This is a book which tells us the meanings of words.

38 「～だったらいいのに」の文 p.105

1 (1) had (2) knew (3) could

ポイント I wish ～. は「～だったらいいのに」という意味です。～では過去形を使います。

2 (1) Tom were here
(2) we could talk with

ポイント (1) be 動詞は「(～に)いる，(～に)ある」という意味でも使われます。I wish ～. で be 動詞を使う場合，一般的には，主語に関係なく were を使います。

✎ (1) I wish I were
(2) I wish I could drive
(3) I wish Jim lived in

39 「もし～ならば，…なのに」の文 p.107

1 (1) had (2) were (3) go

ポイント 〈If＋主語＋動詞の過去形 ～，主語＋助動詞の過去形＋動詞の原形 ....〉は，「もし～ならば，…なのに」という意味の仮定法過去の文です。現実とは異なることを仮定するときに使います。
(2) if ～で be 動詞を使う場合，一般的には，主語に関係なく were を使います。

2 (1) I knew his phone number
(2) we could go shopping

✎ (1) If I had a lot of money, I could travel
(2) If Mary were here, she would help

まとめのテスト

p.108～109

1 (1) had (2) were
(3) would (4) could

2 (1) wish (2) had
(3) lived (4) could help
(5) would send
(6) were, would ask

3 (1) I could speak many languages
(2) If Ken were here
(3) would show the picture to
(4) I would go shopping

(1) I wish I could play the piano.
(2) If I knew her phone number, I would call her.
(3) If it were sunny today, we could play soccer.

ポイント (1) I wish ～. の「～」では，動詞または助動詞の過去形を使います。
(2)(3)〈If＋主語＋動詞の過去形 ～，主語＋助動詞の過去形＋動詞の原形 ....〉の形で表します。(3) if ～で be 動詞を使う場合，一般的には，主語に関係なく were を使います。

▶リスニング問題にチャレンジ

p.110

1 (1)ウ (2)イ

ポイント I wish ～. は「～であればいいのになあ」という意味の仮定法です。I wish のあとに注意して聞きましょう。(2)は「私が今，オーストラリアにいればなあ」という意味です。

2 (1)ア (2)オ (3)ウ

ポイント 〈If＋主語＋動詞の過去形 ～，主語＋would[could]＋動詞の原形....〉は「もし～であれば，…だろうに」という意味の仮定法です。(3)は「もし私が彼女の電話番号を知っていたら，彼女に電話できるだろうに」という意味です。

放送文

1 (1) I wish I had a dog.
(2) I wish I were in Australia now.

2 (1) If I had time, I could play soccer.
(2) If I were rich, I would buy a big house.
(3) If I knew her phone number, I could call her.

0 9 8 7 6 5 4 3 2 1
D C B A